LE BARON

DE SAINT-IGNACE

OU

TARTUFE EN 1850

COMÉDIE-DRAME

EN CINQ ACTES ET EN VERS

AVEC PROLOGUE ET ÉPILOGUE

PAR

CATON LE CENSEUR

Quia omnis hypocrita est nequam
(ISAÏE)

PARIS

MICHEL LÉVY FRÈRES, ÉDITEURS

RUE VIVIENNE, 2 BIS

—

1850

LE BARON

DE SAINT-IGNACE

ou

TARTUFE EN 1850

COMÉDIE-DRAME

EN CINQ ACTES ET EN VERS

AVEC PROLOGUE ET ÉPILOGUE

PAR

CATON LE CENSEUR

Quia omnis hypocrita est nequam
(ISAÏE)

———————

PARIS

MICHEL LÉVY FRÈRES, ÉDITEURS

RUE VIVIENNE, 2 BIS

—

1850

Personnages.

─◦⟡◦─

LE BARON DE SAINT-IGNACE (50 ans).

LE MARQUIS DE CLARENCE (80 ans).

GASTON BERNARD, pupille du marquis (33 ans).

KAFFNER, domestique de la comtesse, affidé du baron (40 ans).

LA BARONNE DE SAINT-IGNACE 40 ans.

LA COMTESSE D'HERVILLERS, belle-sœur du marquis (40 ans).

BERTHE (16 ans), }
MARIE (18 ans), } filles de la comtesse.

LE DOCTEUR, médecin du baron et du marquis (45 ans).

SERRET, employé d'assurances (40 ans).

LE COMMISSAIRE DE POLICE (50 ans).

LE DOCTEUR MARTIN, ami de Gaston (35 ans).

LE CURÉ DE MORVILLE (50 ans.

LE MAIRE DE MORVILLE 50 ans.

FEMME RABOUDIN, ex-cuisinière (50 ans).

SUZANNE, femme de chambre de la comtesse (30 ans).

UN DOMESTIQUE du marquis (30 ans).

UN DOMESTIQUE du baron 30 ans).

UN AGENT DE POLICE (30 ans.

Personnages muets.

UN GREFFIER.

UN AGENT DE POLICE.

DEUX GENDARMES.

DOMESTIQUES.

L'action se passe en 1848-49.

∿─◦⟡◦─∿

Imp. de G. GRATIOT, 11, rue de la Monnaie

UN MOT AU LECTEUR

La comédie railleuse et satirique fait rire des vices qu'elle met en scène , mais elle ne corrige personne ; le drame, au contraire, est un enseignement, et l'on en sort meilleur.

C'est cette pensée juste et vraie de l'un de nos plus judicieux auteurs modernes, qui nous a guidé dans la composition de cette œuvre, si œuvre il y a.

En mariant le drame à la comédie de caractère, l'auteur a voulu peindre et corriger à la fois.

L'épilogue, en dégageant cette pièce de toute application ou allusion personnelle, que le public recherche avec tant d'ardeur, lui donne sa signification vraie et complète ; on y verra que chacun des principaux personnages est une allégorie vivante et agissante.

Mais disons-le tout de suite en peu de mots : Le marquis de Clarence, c'est la vieille France qui se meurt et disparaît chaque jour dans un de ses plus nobles et derniers représentants.

Gaston, c'est la république aux mœurs rigides, calomniée et persécutée avec acharnement; Berthe, c'est la jeune France régénérée et énamourée de la république.

Quant au trop fameux baron de Saint-Ignace , son nom vous dit tout ce qu'il personnifie.....

Convaincu que le Tartufe de 1850 ne rencontrerait pas moins d'hostilités que celui de 1667, et que sa représentation ne serait pas rendue moins difficile, sinon impossible, par de nombreux et puissants intéressés, l'auteur a jeté son œuvre, à peine sortie du creuset, et toute brûlante encore, dans le composteur, avec toutes les négligences et les imperfections d'une trop rapide improvisation. (Deux mille vers en deux mois et demi.)

La disparition extraordinaire d'un de ses manuscrits lui ayant donné lieu de craindre quelque abus de confiance, il a voulu prendre possession immédiate de son titre, de son sujet et de ses caractères, chose trop nécessaire dans ce temps de chauvinisme et de pillarderie littéraires, où tant de faiseurs sans idée sont surtout à l'affût de celles des auteurs inédits [1].

Si l'on trouve au *baron de Saint-Ignace* plus d'une analogie avec le drame de *Vautrin*, nous déclarons hautement que c'est le seul effet du hasard; l'auteur n'avait jamais ni lu, ni vu représenter la pièce de M. de Balzac. Mais il avoue s'être inspiré un peu du roman remarquable publié par M. Ch. Deslys, dans le journal *l'Estafette*, sous ce titre : LA MÈRE RAINETTE.

Le *baron Dupréval* a fourni le prototype et la moitié du titre du *baron de Saint-Ignace*. Rendons à César ce qui appartient à César!

Paris, le 20 mai 1850.

P. S. Il se pourrait cependant qu'il se trouvât à Paris, en province ou à l'étranger, un directeur de théâtre qui vît dans l'œuvre qu'on va lire un succès possible; s'il voulait en tenter l'épreuve, l'auteur sera toujours disposé à faire les changements et les corrections que l'on jugerait utiles pour la représentation, soit dans la forme, soit dans les détails du dialogue et du style, parfois peut-être un peu trop crus et hardis.

[1] Il est, dit-on, plus d'un faiseur en renom redevable d'une partie de sa fécondité et de ses succès à son habileté en ce genre d'exploitation.

PROLOGUE

LA FAUSSE COUCHE

Le théâtre représente un salon du faubourg Saint-Germain, chez le
marquis de Clarence. — De riches étoffes d'Orient, en soie, velours, cachemires, mousselines brodées d'or et d'argent, sont
étalées sur le canapé, les fauteuils, etc. — Des babouches, des
nacres, des maroquins, chargent la cheminée, les guéridons, les
meubles. — Un certain pêle-mêle annonce que le tout vient d'être
deballé. — Au lever du rideau, le marquis de Clarence est assis
sur une causeuse, près de la cheminée, où il y a grand feu. —
Marie et Berthe sont assises sur un carreau, aux pieds du marquis, et ont chacune le bras accoudé sur un de ses genoux. — La
comtesse d'Hervillers est debout appuyée sur le dossier de la
causeuse, et la tête penchée vers celle du noble vieillard.

SCÈNE PREMIÈRE.

LE MARQUIS DE CLARENCE, LA COMTESSE D'HERVILLERS, MARIE, BERTHE.

LA COMTESSE.

Cher oncle, quel pays produit ces mousselines,
Tissus plus vaporeux que blondes et malines?

LE MARQUIS.

De leur mère-patrie elles portent le nom;
Berthe doit le savoir... cherche...

BERTHE.

Bon oncle, non.

LE MARQUIS.

C'est Mossoul, sur le Tigre, et non loin de la rive,
Où s'éleva jadis la splendide Ninive.

1

LA COMTESSE.

Cette écharpe aux reflets ravis à l'arc-en-ciel ?

LE MARQUIS.

C'est l'ouvrage des mains des filles de Rachel ;
Orfa, l'Ur de Chaldée, est riche d'industrie.

MARIE.

Ces babouches de soie et d'or ?

LE MARQUIS.

                         Alexandrie
En a le monopole.

BERTHE.

               Et ces nacres charmants,
Où scintille l'acier du feu des diamants ?...

LE MARQUIS.

Reine de l'industrie, au sceptre qui chatoie,
Damas donna son nom au fer comme à la soie.

MARIE.

Ces rouges maroquins de saphirs émaillés ?

LE MARQUIS.

Dans les eaux de Bagdad ont été travaillés.

MARIE.

A Bagdad ?

LA COMTESSE.

            Où naquit la fable orientale,
Et du calife Harroun fameuse capitale ;
En un mot, la Bagdad des Mille et une Nuits.

LE MARQUIS.

Dans ses riches bazars j'ai vu tous les produits,
Trésors de l'Orient.

LA COMTESSE.

              Que je vous porte envie !
De voir ces régions que je serais ravie !...

LE MARQUIS.

Ah ! c'est un ciel si beau, si transparent, le soir !...
Perçant dans l'infini, jusqu'à Dieu l'œil croit voir.

MARIE.

N'êtes-vous pas allé, cher oncle, en terre sainte ?...

LE MARQUIS.

Oui, du tombeau sauveur j'ai visité l'enceinte,
Et de ton chapelet j'ai recueilli les grains,
Sous l'arbre de Judée, aux beaux fruits purpurins.
Mais pourquoi souris-tu, petite, avec malice ?

BERTHE.

Pour vous la poésie était un vrai calice,
Et bien des fois voilà qu'on vous prend sur le fait.

LE MARQUIS.

Du soleil d'Orient c'est un dernier effet.

LA COMTESSE.

L'art porte encor le deuil de la lente agonie
Du pauvre Marilhat, dont l'immortel génie
A ce soleil brûlant déroba ses rayons.

LE MARQUIS.

C'est vrai; nul, comme lui, de ses ardents crayons,
De ce ciel embrasé ne rendit la lumière [1].
J'allai voir ses cartons, vers l'automne dernière,
Et je lui commandai deux tableaux du désert,
Avec les cinq palmiers, formant l'oasis vert;
Puis deux de caravane aux chameaux qui ruminent,
Et vers Thèbe ou le Nil lentement s'acheminent.
Je devais les payer plus de vingt mille francs;
Mais pour les achever il demandait deux ans.

LA COMTESSE.

Hélas!

LE MARQUIS.

Qu'il fut surpris lorsqu'il sut qu'à mon âge
J'affrontais les périls d'un si chanceux voyage!
Il ne se doutait pas, le pauvre malheureux,
Qu'il serait le premier qui mourrait de nous deux...
Que j'en ai vu tomber des hommes de génie!...
La douleur de Gaston en dut être infinie;

[1] Voir aux *Variantes*, page 104.

D'enfance et de collége il était son ami,
Et Gaston, je le sais, n'aime point à demi...
Mais, n'est-ce pas, ma Berthe, il se fait bien attendre?

BERTHE.

A tort, deux ou trois fois déjà j'ai cru l'entendre.

LE MARQUIS, en embrassant Berthe au front.

Dès hier, je lui fis annoncer mon retour,
Et je ne comprends pas...

MARIE, en présentant son front.

Petit oncle, à mon tour;
Pour ces jolis cadeaux, c'est bien le moins, je pense.

BERTHE.

Nous prions aussi Dieu qu'il vous en récompense.

MARIE.

Quel pays maintenant vous reste donc à voir?

BERTHE.

Tais-toi, ma sœur; cela me met au désespoir,
De songer que mon oncle encor veut, à son âge,
En de lointains climats faire un nouveau voyage;
C'est vouloir tenter Dieu.

LA COMTESSE.

Berthe a vraiment raison;
C'est par trop imprudent : restez à la maison.

BERTHE.

Vous resterez?

LE MARQUIS.

Enfant, à l'âme douce et bonne!...

BERTHE.

Jurez-le, ou je vous boude, et plus ne vous pardonne
Si vous partez encor.

LE MARQUIS.

Serment de voyageur
Ne compte guère plus que serment de joueur...

UN DOMESTIQUE, annonçant.

Monsieur Gaston.

(Gaston entre, le domestique sort.)

SCÈNE II.

LE MARQUIS, GASTON, LA COMTESSE, BERTHE, MARIE.

LE MARQUIS.

Enfin !...

(Il va au-devant de Gaston et lui serre les mains affectueusement.)

Mon cher, on vous désire.

On se plaignait de vous ; Berthe peut vous le dire.

BERTHE.

Sachant mon oncle ici, c'est venir un peu tard.

GASTON.

Vous me pardonneriez, j'en suis sûr, ce retard,
Si je vous en disais le motif véritable.

LA COMTESSE.

Ce devrait être fait...

GASTON.

En se mettant à table,

Madame Saint-Ignace, hier, se trouva mal.
Comme elle n'était point dans un état normal,
Depuis plus de trois mois on la savait enceinte,
L'indisposition m'inspirait quelque crainte,
Et c'est de son hôtel à présent que je viens.

BERTHE.

On doit vous pardonner en ce cas, j'en conviens.

LA COMTESSE.

Avez-vous trouvé mieux cette chère baronne ?

GASTON.

La nuit, m'ont dit ses gens, n'a pas été fort bonne ;
Sur le reste ils gardaient un silence prudent ;
Et quand je demandai si, par un accident,
Madame n'aurait point fait une fausse couche,
Un sourire moqueur vint errer sur leur bouche,
Et ce fut leur réponse ; en sorte que, je crois,

1.

On cache ce malheur, je ne sais trop pourquoi.

(Berthe et Marie vont et viennent sur le second plan en examinant
et se montrant les étoffes, etc.)

LA COMTESSE.

En effet, je la vis, en blanc, dans une fête,
Et, par devant, l'aplomb manquait à sa toilette.

GASTON.

Le fait de la grossesse est certain ; mon cousin,
Du château du baron le plus proche voisin,
M'annonçait à la fois et celle de sa femme,
Celle de la baronne... encor d'une autre dame ;
Sa lettre finissait par ces mots triomphants :
« On jurerait ici qu'il grêle des enfants. »

LA COMTESSE, en baissant la voix.

La baronne n'est point la plus jeune grêlée ;
A son âge, l'on fuit pareille giboulée,
Car l'aîné de ses fils a vingt-deux ans, au moins.

GASTON.

Sans doute tel sera le motif de ces soins
Que l'on met à cacher...

LE MARQUIS.

                    C'est une sotte honte,
Dont on pourrait un jour avoir à rendre compte.

LA COMTESSE.

Et ce pauvre baron doit fort s'en affliger ?

GASTON.

Il ne recevait pas ; mais si j'en dois juger
Par ce que l'on disait de sa douleur profonde,
Lorsque son dernier fils arriva dans ce monde,
Il est au moins douteux qu'il meure de chagrin.

LA COMTESSE.

On dirait contre lui que vous avez un grain ?

(Berthe, pendant le dernier couplet de Gaston, s'approche de lui
en lui faisant signe de se taire.)

BERTHE, bas à Gaston.

Gaston, défiez-vous du baron, et pour cause ;

Mais laissez là cet homme, et parlez d'autre chose.

Haut, en lui faisant remarquer les présents du marquis.

Vous n'avez point encore admiré les cadeaux,
Du luxe oriental échantillons si beaux,
Dont mon oncle nous fait le gracieux hommage.

GASTON.

D'un bazar d'Ispahan ce salon est l'image,
Et j'ai peine à comprendre où j'avais mis mes yeux
Pour n'avoir vu plus tôt ces tissus précieux.

(Berthe et Marie lui font admirer chaque chose.)

LA COMTESSE, à part.

A Gaston Berthe a dit quelques mots à voix basse,
Puis rompu le propos sur ce cher Saint-Ignace ;
Aurait-elle déjà deviné nos projets,
Et l'avertirait-elle?... Observons mes sujets.

GASTON.

Charmant, délicieux !

MARIE.

Cette écharpe ?

GASTON.

Admirable !

MARIE, en se drapant.

Voyez donc, n'est-ce pas que je suis adorable ?

GASTON.

L'écharpe n'en peut mais... l'êtes-vous pas toujours ?

MARIE.

Comme ces points brillants font bien sur ce velours !

BERTHE.

Ce qui me plaît à moi, c'est cette mousseline
Si pure et transparente, et blanche comme hermine.

GASTON.

Votre goût de votre âme est le divin reflet.

MARIE.

Voilà du moins, monsieur, un compliment qui plaît.
A moi vous ne savez que dire, en vers ou prose,
Que je suis belle, et puis toujours la même chose.

Ne le sais-je donc pas depuis qu'on me le dit ?
Laissez ce lieu commun à des gens sans esprit,
Et dites-moi plutôt que je suis archi-laide.

GASTON.

C'est impossible !...

MARIE.

Encore !... il faut que je vous aide.

Eh bien ! voyez !...

(Elle lui fait une grimace.)

Toujours je recommencerai

Aussitôt que tourné vers moi je vous verrai.

(On entend la cloche du déjeuner.)

LE DOMESTIQUE, entrant.

Madame est servie.

(Le marquis prend le bras de la comtesse. — Gaston offre le sien
à Marie qui le refuse en faisant une grimace, et va prendre
l'autre bras du marquis. — Berthe prend alors le bras de
Gaston.)

LE MARQUIS, à la comtesse.

Et votre mari, ma chère ?

GASTON.

C'est demain Saint-Hubert.

BERTHE, avec reconnaissance.

Vous excusez, mon père ?...

(Ils sortent tous en causant.)

FIN DU PROLOGUE.

ACTE PREMIER

UN MALTHUSIEN DU GRAND MONDE

Même decoration qu'au prologue. La toile ne reste baissée que cinq minutes seulement. Peut-être serait-il mieux qu'elle ne baissât pas du tout.

SCÈNE PREMIÈRE.

KAFFNER, SUZANNE.

(Suzanne entre en courant, suivie de près par Kaffner.)

SUZANNE.

Laissez-moi, fi ! monsieur le dévot !...

KAFFNER, en l'embrassant.

Un péché
Est toujours pardonné pour peu qu'il soit caché ;
Hier, mon confesseur me le disait encore...

SUZANNE.

Il est commode !

KAFFNER.

Et c'est en secret qu'on l'adore.

SUZANNE.

Les dames du grand monde, à ce marché peu cher,
Sur elles devraient prendre un peu de se cacher...

KAFFNER.

Au moins pour la morale honnête et modérée.

(Il se jette sur le canapé et s'efforce de faire asseoir Suzanne auprès de lui.)

SUZANNE, en se dégageant.

Finissez donc, monsieur Kaffner !

KAFFNER,

Mon adorée!

SUZANNE.

Mon Dieu, qu'avez-vous fait?... Levez-vous lestement;
Si Madame voyait un tel chiffonnement!...

KAFFNER.

Les plis bientôt s'en vont, par bonheur pour les femmes;
S'il en restait un seul chaque fois que ces dames...

SUZANNE.

Voulez-vous bien vous taire... Ah! vous êtes méchant!...

KAFFNER.

Pour nos maîtres, un peu... mais pour toi, chère enfant...

SUZANNE, en rangeant et ployant les étoffes étalées.

Le marquis leur a-t-il rapporté des merveilles!

KAFFNER.

Tout cela ne vaut pas tes lèvres si vermeilles.
Si quelque caïman du Nil l'eût dévoré,
J'en sais plus d'un ici qui n'en eût pas pleuré.

SUZANNE.

Monsieur Kaffner, c'est mal...

KAFFNER.

Je parle comme on pense;
Entre eux et moi voici toute la différence.
Mais c'est sa faute aussi s'il a quatre-vingts ans,
Quinze ou vingt millions, et surtout point d'enfants;
Pour bien moins tant de fils qu'on ne soupçonne guère
Vont désirant la mort de leur bien-aimé père.

SUZANNE.

Ça se voit trop souvent... Tuez-vous donc le corps,
Donnez l'âme à Satan pour gagner des trésors,
Afin que vos enfants poussent à l'anévrisme.

KAFFNER.

Sais-tu que tu fais là du vrai socialisme?

SUZANNE.

Qu'est cela?

KAFFNER.

Qui prétend que le mal n'est pas bien,
Qu'il faut rendre meilleur tout ce qui ne vaut rien,
Est un socialiste, un misérable à pendre ;
Mais l'on a ses raisons pour ainsi le comprendre,
Car de messieurs nos blancs j'en sais plus d'un très noir...
Il est un testament que je voudrais bien voir !

SUZANNE.

Oui, celui du marquis ; un si gros héritage !

KAFFNER.

Je crois que ce doit être une bien belle page.
Ne soupçonne-t-on rien de ses intentions ?

SUZANNE.

Il est si boutonné...

KAFFNER.

Dans ses affections
N'as-tu point remarqué qui tient la bonne place ?

SUZANNE.

Le cœur d'un diplomate est un morceau de glace.

KAFFNER.

Toujours chaud pour quelqu'un il est un petit coin.

SUZANNE.

Et c'est celui qu'il cache avec le plus de soin.

KAFFNER.

Je ne l'en blâme pas ; quand la soif de l'or règne,
Quel que soit l'héritier, il est bon qu'on le craigne.
Le plus sage est, ma foi, qu'il ne s'en doute pas,
Surtout lorsqu'il s'agit d'un magot aussi gras.
J'aurais voulu savoir, pour mon petit service,
Sur qui doit reposer le nouvel édifice.
Comme je suis nouveau, sur toi j'avais compté
Pour éclairer mes pas un peu de ce côté.
Dans tous les cas, au moins, notre chère maîtresse...

SUZANNE.

Elle a manqué le coche, ou de tact et d'adresse.

Lorsque sa sœur mourut, hélas! à vingt-cinq ans,
Dans toute sa beauté, sans avoir eu d'enfants,
Le marquis fut saisi d'une douleur immense;
Du bonheur il perdait sa dernière espérance.
Ami, tuteur, époux, sa triple affection
A sa femme eût légué cette succession...
Alors, il laissa tout aux soins de la comtesse,
Et s'en alla bien loin promener sa tristesse;
Pendant plus de trois ans, errant dans l'univers,
Il vit tous les pays, courut toutes les mers.
Chez lui, pendant ce temps, ce n'était qu'une fête;
Qu'il ne reviendrait plus on s'était mis en tête.
Aussi, comme on faisait danser les revenus!
Ce n'était que plaisirs et que festins chenus.
Bref, on avait trois cent mille livres de rente,
Tandis qu'auparavant on n'en avait pas trente.

KAFFNER.

Je soupçonne qu'alors il faisait bon autour.

SUZANNE.

Oui da; mais le marquis annonça son retour,
Et ce fut à passer un fort vilain quart d'heure.
Absent, il ne veut plus que chez lui l'on demeure.
En un mot, à ses yeux, on est des mange-tout,
Et cette qualité n'est pas selon son goût.

KAFFNER.

De tout riche vieillard c'est un peu la faiblesse
De penser, qu'après lui, l'on va faire liesse.
De ces fortunes-là c'est pourtant le destin,
De s'en aller un jour en belle eau de boudin;
C'est le bonheur futur de plus de cent familles.
Il veut pourtant du bien à ces petites filles?

SUZANNE.

Mais à Berthe surtout...

KAFFNER.

      Alors, c'est un parti...

SUZANNE.

On lui garde un époux assez mal assorti.

KAFFNER.

Qui donc ?

SUZANNE.

Le Gaston.

KAFFNER.

Ah !... tu crois qu'on y pense ?

SUZANNE.

Celui qui de la dot doit faire la dépense,
Au moins. Pour ce Gaston, Berthe n'est qu'un enfant,
Et lui, ça n'entend rien au métier d'intrigant.

KAFFNER, à part.

C'est le plus sûr moyen de pêcher une dupe.
(Haut.)
Crois-tu que la petite un peu de lui s'occupe ?

SUZANNE.

Elle le voit traiter en fils de la maison ;
Pour la bien disposer faut-il d'autre raison ?
Depuis dix ans, Gaston pour elle est presque un frère,
Et l'accord est parfait entre leur caractère.
Elle aime fort l'étude, a l'esprit sérieux,
Et c'est aussi pourquoi le marquis l'aime mieux.
Loin du monde parfois lui-même il les rassemble,
Il les garde huit jours à la campagne, ensemble,
Et paraît les confondre en son affection.

KAFFNER, à part.

Diable ! cela mérite un peu réflexion !
Mais elle en savait plus qu'elle n'en voulait dire.
Heureusement, on sait comment on leur soutire...
... Leurs observations...
(On entend sonner.)
(Haut.)
Le concierge a sonné.
Une visite avant que l'on ait déjeuné !
Quelque sot mal appris... Voyons qui ce peut être.

2

(Il regarde à la fenêtre.)

Eh! mais c'est le baron!

(A part.)

Un Saint-Ignace maître!

Malgré son rhumatisme, il paraît fort dispos,
Il court comme un chacal... mais il vient à propos.
Le cher homme a du nez... à sa rencontre, vite,
Et donnons-nous pour lui l'encolure hypocrite.

(Il sort.)

SCÈNE II.

SUZANNE, seule.

(Pendant la fin de la scène précédente, elle a rangé et emporté dans
l'appartement à côté, porte à droite, tous les objets qui encom-
braient le salon. En achevant de tout mettre en ordre :)

J'ai trop lâché le frein à ma langue aujourd'hui;
Le marquis n'aime pas que l'on cause chez lui;
Mais ce monsieur Kaffner a des cajoleries...
On ne le dirait pas avec ses momeries...
Il est vraiment bel homme, et c'est un franc luron.

(Elle sort par la porte à droite en emportant les derniers cartons.)

SCÈNE III.

LE BARON DE SAINT-IGNACE, KAFFNER.

LE BARON.

On est à déjeuner?

KAFFNER.

Oui, monsieur le baron,

Et depuis un moment.

LE BARON, en regardant autour de lui,

On ne peut nous entendre?

KAFFNER, en regardant à la porte à droite qu'il referme ensuite.

Personne nulle part.

LE BARON.

Qu'avez-vous à m'apprendre?

KAFFNER.

La petite et Gaston sont l'un de l'autre épris ;
Il nous faut éloigner ce jeune homme à tout prix.

LE BARON.

Déjà j'en avais dit un mot à la comtesse.
Après ?

KAFFNER.

Le marquis a pour eux grande tendresse,
Et si vous ne frappez au plus tôt un grand coup,
Vos projets... si pieux seront risqués beaucoup...

LE BARON.

La petite, dit-on, n'est pas encor nubile.

KAFFNER.

Suzanne m'en parlait en un tout autre style.

LE BARON.

C'est bien, j'aviserai. — Gaston est-il venu ?

KAFFNER.

Il déjeune avec eux.

LE BARON, à part.

Mon secret est connu !

(Haut.)
A-t-il parlé de nous, de moi, de la baronne ?

KAFFNER.

Je ne puis le savoir ; à la jeune personne
J'ai seulement tantôt vu qu'il donnait le bras,
En allant déjeuner, et qu'ils se parlaient bas ;
J'en ai, de mon regard, averti la comtesse.

LE BARON.

C'est bien. Je vois qu'on peut compter sur votre adresse.

KAFFNER, avec componction.

Dans l'intérêt du ciel...

LE BARON.

Vous m'avez bien compris,
Les révérends sur vous ne s'étaient point mépris.
Tantôt j'avais chez eux une sainte entrevue ;
De ces biens temporels qu'on daigne avoir en vue

Il était question... Pour gagner le marquis,
Nous voulons l'isoler de tous ses vrais amis.
Monsieur Gaston figure en premier sur la liste;
On redoute son œil pénétrant, analyste;
Il devinerait tout, il nous dénoncerait
Au marquis, qui l'écoute, et le plan échouerait.
Excitons contre lui la crainte soupçonneuse;
La vieillesse aisément est toujours ombrageuse.
A cet âge, on ne croit guère au pur dévouement;
Il faut l'inquiéter, surtout pour son argent;
C'est là que désormais nos efforts doivent tendre.
  (Avec intention, en pesant sur chaque syllabe.)
Souvent... l'autre... ici... mange?

KAFFNER.

        Et je crois vous entendre.
S'il manquait chaque fois un couvert de vermeil?

LE BARON.

Je ne vous ai rien dit... bon Kaffner... de pareil...
Dans l'intérêt du ciel... faites au mieux... ensemble
Gardons qu'on ne nous voie. Allez.
       (Kaffner sort.)

SCÈNE IV.

LE BARON DE SAINT-IGNACE, seul.

        Gaston! Je tremble
Qu'il n'ait parlé... C'était d'un si grand intérêt
Que l'on ne soupçonnât pas même mon secret
Ici... De tout ils sont et le but et la cause.
Aussi, malheur à lui s'il éventa la chose!
De mon fils et de Berthe en assurant l'hymen,
Déjà je croyais voir, et tenir dans ma main,
Du cher et vieux marquis le splendide héritage;
Et presque dans le port j'irais faire naufrage!
Ne dussé-je l'avoir, que pour l'administrer,
A moi cette fortune! on ne peut m'en frustrer!...

Et je la perds pourtant si Gaston de sa bouche
Laisse tomber ce mot... ce mot... de fausse couche !
Mon oreille bourdonne... ils n'arriveront pas !
De mon espoir déçu j'entends tinter le glas ;
En cet instant peut-être on parle de ma femme !
C'est ce Gaston... torture ! Oh ! je perdrai l'infâme !
Cet homme, admis longtemps dans mon intimité,
A le secret aussi de mon infirmité.
Je me laissai séduire à son intelligence ;
J'espérais, au moyen d'une honnête indigence
Où je le maintenais, par un modeste emploi,
L'exploiter à loisir, en faire un homme à moi ;
Extraire à mon profit de sa forte et grande âme
Ce qu'elle recelait de puissance et de flamme !
Mais surtout du marquis je voulais l'isoler ;
Je sais qu'il l'aime, lui, non pour l'annihiler !...
Et monsieur, sous ses pieds, dans un accès de bile,
Met ma protection, comme une chose vile.
Depuis ce jour fatal, ma haine le poursuit,
Sourde, mais implacable... A présent, il me nuit...
Que dis-je ? il peut me perdre !

(Il écoute à la porte.)

On ne vient pas encore.

Que ce repas est long !... Oh ! Gaston, je l'abhorre !
Sa pénétration, sa vertu me font peur.
Aussi, calomnié, surtout dans son honneur,
Et dans sa probité, sa nerveuse nature
Doit périr dans la lutte avec une imposture
Qui l'étreint, et circule impalpable dans l'air.
Mais qu'il soit fol, qu'il meure, alors tout devient clair ;
Le soupçon prend un corps, et toute calomnie
Est une vérité !... Quel est le mort qui nie ?...
A l'œuvre donc, à l'œuvre ! et, sans scrupule aucun,
Par tout moyen brisons cet obstacle importun.
Que m'importent les siens, et sa mère, et son frère ?
Aux flots de ma fortune il peut être contraire,

2.

Ce n'est plus désormais qu'un cadavre pour moi :
(Il écoute.)

Perinde cadaver !... Maîtrisons notre émoi ;
Je vais savoir enfin...
(Le docteur entre. Il porte des lunettes vertes.)
(A part.)

Le docteur !... mon complice...

Il ne finira pas aujourd'hui mon supplice !

SCÈNE V.

LE BARON DE SAINT-IGNACE, LE DOCTEUR.

LE DOCTEUR.

Quoi ! vous ici, baron ?
LE BARON.

Docteur, Gaston sait tout.

LE DOCTEUR.

Tout... mais quoi ?
LE BARON.

La grossesse et le reste.

LE DOCTEUR.

Du coup

Je suis abasourdi.
(En se grattant le front.)

Comment ce diable d'homme

A-t-il su ?... C'est étrange !
LE BARON.

Étrange ou non. En somme,

Le bruit de la grossesse est partout démenti.
Si Gaston a parlé, je verrai quel parti
Il convient que je prenne en cette circonstance ;
Vous pourriez me gêner, vous, par votre présence.

LE DOCTEUR.

En accourant ici, mon unique dessein
Était de présenter son nouveau médecin

A notre cher marquis, gràces à la comtesse,
Ainsi qu'au noble ami qui pour moi s'intéresse.

LE BARON.

Vous le verrez demain ; aujourd'hui, laissez-nous.
Aux bons pères, à moi, toujours souvenez-vous
Que vous devez, docteur, toute votre fortune.

LE DOCTEUR.

Pourrais-je l'oublier ?

(A part, en sortant.)

La chose est importune ;
Il ne se lasse pas de me la répéter.

LE BARON, qui est resté un instant les bras croisés devant
la fenètre.

Il sort... il était temps... je les entends monter.

SCÈNE VI.

LE BARON DE SAINT-IGNACE, LE MARQUIS, LA COMTESSE, GASTON, BERTHE, MARIE.

LA COMTESSE, en entrant.

Ah ! c'est vous, cher baron ; cette pauvre baronne,
Dans un pareil moment son mari l'abandonne,
Quand elle s'est blessée !... Oh ! cela n'est pas bien.

(Le baron laisse tomber sur Gaston un regard écrasant de haine et
de vengeance. Son visage passe du rouge au vert, et vice versà.
La comtesse continuant :)

Vous ne répondez pas ?

LE BARON, se remettant un peu.

Ce n'était presque rien...
Un mois au plus, je crois.

GASTON, à part.

Quels regards il me lance !
Mais que dit-il ? un mois... M'écrivait-on d'avance ?
Je le sais depuis trois.

LE MARQUIS.

Cet accident fâcheux

N'aura...

LE BARON, tout à fait remis.

Déjà ma femme est mieux.

LE MARQUIS.

J'en suis heureux.

LA COMTESSE.

Cher baron, moi de même, et veuillez le lui dire.

LE BARON.

Merci, chère comtesse... Oh! que je vous admire,
Vous, monsieur le marquis; votre corps est d'acier,
Ou vous fîtes un pacte avec quelque sorcier.
C'est lui qui vous conserve une santé si belle;
C'est son art qui vous donne une force nouvelle,
A votre âge, pour tous ces voyages nouveaux,
Qui d'Hercule à l'esprit rappellent les travaux.

(Berthe et Marie prennent dans un tiroir leurs dessins et se
mettent à dessiner, en écoutant parfois la conversation.)

LE MARQUIS.

Que voulez-vous, mon cher, chacun a sa manie;
Fumée et bruit, tel est le rêve du génie;
L'intrigant court après les places, les honneurs,
L'argent surtout; pour moi, le plus grand des bonheurs,
C'est me voir emporté dans un flot de poussière,
A travers un chemin inondé de lumière.
La locomotion, voilà mon élément;
Du corps à la pensée en vient le mouvement;
Je perds un demi-siècle, et je reviens à trente.

LA COMTESSE, bas au baron.

Et quand on a cinq cent mille livres de rente,
On doit un peu se plaire à cette illusion.

LE BARON.

De l'époque, vraiment, vous êtes le lion.

LE MARQUIS.

Je ne sais en effet personne de mon âge

Qui jamais ait tenté mon long pèlerinage
A travers l'Amérique; et, du Nord au Midi,
Couru du Niagara jusqu'au Mississipi.

LE BARON.

Le vrai peut quelquefois n'être pas vraisemblable,
Et beaucoup traiteront votre histoire de fable.

LE MARQUIS.

Pourtant, ce que je crois avoir fait de plus fort,
C'est mon dernier voyage.

LA COMTESSE.

                    Et vous avez eu tort.
Imaginez, baron, mon oncle tout à l'heure
Nous contait...

LE MARQUIS

              Brisons là; voici Berthe qui pleure,
D'avance, au souvenir de ce dernier danger.
        (En embrassant Berthe.)
De ce sensibilisme il faut te corriger;
Il te ferait souffrir.
              (Au baron.)
                    De vos fils quel est l'âge,
Baron?
              LE BARON, avec transport.
        L'un vingt-trois ans, l'autre vingt.

LE MARQUIS.

                              En voyage,
De les lancer, mon cher, voilà le bon moment.
        (Désappointement du baron et de la comtesse.)
Je connaissais déjà moitié du continent
A cet âge.

LE BARON.

        Ils sont forts sur les mathématiques.
              GASTON, bas à Berthe.
Comme tous les esprits un peu problématiques.

LE BARON.

Et je ne voudrais pas...

LE MARQUIS.

Ah ! ce sont des savants !

Croyez-nous et prenez congé d'eux pour trois ans ;
Donnez-leur un mentor instruit et raisonnable ;
C'est l'éducation la seule convenable,
Et fi des A plus B que l'on apprend ici !
Heureux si dans leur course, et, de par ce temps-ci,
La chose est fort probable, ils peuvent, par eux-mêmes,
De quelques nations voir les luttes suprêmes,
Pour reconquérir leur nationalité,
Ou pour revendiquer l'antique liberté.

(Le baron et la comtesse se regardent à la dérobée, et se font
mutuellement signe que la tête du vieillard déménage.)

Mais vous n'abondez pas dans cet ordre d'idées,
Vous les trouvez sans doute un peu trop décidées ?
Je le comprends fort bien ; pour juger sainement
Ce qu'a de vraiment bon chaque gouvernement,
Il faut en avoir vu faire l'expérience ;
C'est, par le temps qui court, une rare science
De chercher froidement à tout apprécier,
D'observer avec calme et ne point s'effrayer.
Qu'en dites-vous, Gaston ?

GASTON.

Je suis de votre école ;

Ma raison a grandi, maître, à votre parole,
Et je lui dois, monsieur, tout le peu que je vaux.

LE MARQUIS.

Vous le devez aussi, mon cher, à vos travaux ;
Mais vous êtes vous-même un touriste intrépide :
De tout voir, tout connaître, ah ! vous êtes avide !...
L'inspection était fort loin de votre goût ;
C'était, me disiez-vous, un véritable égout,
Et de gens sans aveu le refuge ordinaire.
J'insistai ; vous voyez, j'eus raison de le faire ;
Vous êtes à présent général inspecteur,
Et, sans dépenser rien, votre esprit dissecteur

Observe, dans le vif, les différents systèmes
Qui gouvernent avec, comme sans diadèmes...
Vous ne m'avez pas dit, à propos, quels pays
Vous avez vus depuis que j'ai quitté Paris ?

GASTON.

J'ai d'abord inspecté quelques villes de France :
Nancy, Metz et Strasbourg ; puis Francfort et Mayence ;
Ensuite j'ai suivi jusqu'à Bâle le Rhin ;
J'ai vu toute la Suisse, et je viens de Turin.

LE MARQUIS.

Impossible de faire un plus charmant voyage.

BERTHE.

Maman nous en a lu plus d'une belle page,
Qui nous a fait souvent aux lèvres venir l'eau.

LE MARQUIS.

Ses lettres quelquefois sont dignes de Rousseau.

LE BARON,

Oui ; Gaston a peut-être une grande fortune
Sous le bec de sa plume... Elle n'est pas commune ;
Mais le fer en est dur ; la flexibilité
Y manque, comme à lui, plus de docilité.

GASTON.

La fortune, monsieur, n'est pas ce qui me tente ;
C'est une soif fatale, et que rien ne contente,
Du moins, chez la plupart des riches que je vois.
Leur exemple a guéri cette folie en moi.
Si j'écris, ce sera pour démasquer le vice,
Écraser l'oppresseur, conspuer l'injustice.
Mais, d'abord, sur la planche, il faut mettre son pain,
Afin de n'avoir pas à compter sur un gain
Trop douteux, et souvent que seul le hasard donne ;
C'est le moyen de n'être aux gages de personne.
Voilà quelle est, monsieur, ma seule ambition.

LE BARON.

Je sais, l'indépendance est votre passion,

LE MARQUIS.

Il a raison, mon cher; c'est dans son cœur qu'un homme,
Un écrivain surtout, s'il veut qu'on le renomme,
Doit puiser seulement ses inspirations..
Il ne faut obéir qu'à ses convictions ;
A tel ou tel parti celui qui vend sa plume,
N'est plus qu'un métal vil qu'on moule sur l'enclume.
Pour voir, en politique, où gît la vérité,
Il faut planer, ainsi que la Divinité,
Haut, bien haut, au-dessus de ces régions basses,
Où règnent l'intérêt et la fureur des places.

LE BARON.

On en voit peu planer à de telles hauteurs;
Je n'ai pas foi bien grande en messieurs les auteurs;
        (En regardant Gaston avec intention.)
Et je crois qu'en morale, ainsi qu'en politique,
Souvent la théorie est loin de la pratique.
        (En se levant.)
Mais, monsieur le marquis, je suis vraiment heureux
De vous voir revenu plus fort, plus vigoureux...

LE MARQUIS.

Adieu, mon cher baron, j'irai chez vous m'inscrire.

LE BARON.

Pour vous, nous y serons.
                        (Bas à la comtesse.)
                        J'ai deux mots à vous dire.

LA COMTESSE, à Marie.

Hier, de son mariage Aglaé t'a fait part;
A ces lettres il faut répondre sans retard.
Viens, Marie.
        (Elle sort en donnant le bras au baron. Marie la suit.)

SCÈNE VII.

LE MARQUIS, GASTON, BERTHE.

LE MARQUIS.

Un billet moi-même me réclame ;

(Avec une affectation plaisante.)

Je vous laisse un instant, Gaston, avec *madame*,
Et si l'on est gentil, nous irons tous les trois
Voir ce soleil si pâle, et faire un tour au bois.

(Il sort.)

SCÈNE VIII.

GASTON, BERTHE.

(Berthe continue à dessiner, ou en fait semblant. Gaston, pensif, se laisse tomber dans un fauteuil.)

GASTON, à part, se parlant à lui-même.

J'ai depuis trop longtemps analysé son style ;
Il n'échappe au baron aucun mot inutile ;
Je n'ai que trop compris le trait à double sens
Que m'a lancé ce Parthe, aux faux airs caressants.
Oui, cet homme me hait d'une haine implacable,
Et je crois voir encor ce regard qui m'accable.

(Pendant cet aparté, scène muette de Berthe. Elle tousse d'abord doucement, ensuite plus fort. Elle remue sa chaise, et voyant enfin que Gaston reste absorbé, elle se lève avec impatience, s'approche de son fauteuil et se penchant vers lui :)

BERTHE.

En vérité, monsieur, vous ne dormez donc pas ?

GASTON.

Pardon, mademoiselle.

BERTHE.

Ah ! vous vous parlez bas
Lorsque je suis ici... mais c'est fort malhonnête,
De causer avec vous, pour moi c'est une fête...
Qui vous met, sur le front, cet air si triste à voir ?
Composeriez-vous donc quelque drame bien noir ?

3

Qu'est-ce enfin?

GASTON.

En effet je pensais, — ou je meure, —
Que, dans un certain monde, on coudoie à toute heure
Des personnages vrais, d'os, de chair et de nerfs,
Au visage plus faux, à l'esprit plus pervers,
Que tous ceux que le drame ou le roman invente...

BERTHE.

Et dont est le baron l'expression vivante.
Ai-je bien deviné? C'est charger son portrait;
L'original n'est pas aussi laid... tout à fait.
Mais je sais, entre nous, qu'il ne vous aime guère,
Qu'il se ligue avec tout pour vous faire la guerre.
Ainsi défiez-vous de votre noble ami,
Un dévot comme lui ne hait pas à demi.

GASTON.

Oh! merci, mille fois merci, mademoiselle!

BERTHE.

Pourquoi merci? Gaston, doutez-vous de mon zèle?
Vous ne dites plus Berthe...

GASTON.

Avez-vous pas seize ans?
Pour moi, vous n'êtes plus aujourd'hui ces enfants
Que j'aimais, comme on doit aimer quand on est père.

BERTHE.

Mais vous nous aimez bien encore ainsi, j'espère?
De ce temps, il me semble, il est à peine un jour,
Où je vous présentais mon front, à votre tour,
Lorsque Bonne arrivait, la figure affairée,
A notre grand regret terminant la soirée.
J'étais heureuse alors!... Vous en souvenez-vous
De nos leçons d'échecs où je prenais vos fous?
Au printemps, dans le parc, la chasse aux violettes,
Aux morilles d'avril, puis aux nids de fauvettes?
Et quand venait l'été, la course aux papillons?
Oui, je crois voir encor, devant les pavillons,

Notre bon oncle assis et nous regardant faire,
Souriant... Il rêvait qu'il était notre père !
Pourquoi ces jours charmants si vite ont-ils passé ?
Maintenant on se parle avec un air glacé ;
Il faut dire toujours : Monsieur, mademoiselle...
L'absence pour le cœur est chose bien cruelle !

GASTON.

Bien cruelle, en effet, pour l'ange tel que vous.
    (A part.)
De cette aimable enfant heureux sera l'époux !

BERTHE.

Quelqu'un vient... taisez-vous, c'est le pas de ma mère,
Je veux lui faire un tour...

(Elle présente un livre à Gaston et feint de ne pas voir la
comtesse qui s'arrête sur le seuil de la porte.)

C'est votre La Bruyère.

Vraiment, je ne puis lire un seul de ses portraits,
Qu'aussitôt je ne voie un de ces types vrais,
Qui pourraient aujourd'hui lui servir de modèle.
N'ai-je pas vu tantôt l'expression fidèle
D'un cupide dévot en ce pauvre baron,
Car ce matin j'ai lu le portrait de Tryphon ?[1]

(En se retournant vers sa mère et jouant la surprise.)

Vous étiez là, maman ?

SCÈNE IX.

GASTON, LA COMTESSE, BERTHE.

LA COMTESSE, avec humeur.

Je viens de vous entendre.
    (A Gaston.)
Et mon oncle, monsieur ?

GASTON.

M'a prié de l'attendre

Pour sortir avec lui.

[1] Tome 1er, page 154.

LA COMTESSE, ironiquement.

Déjà vous reprenez
Vos chères fonctions d'aide de camp ?

(A Berthe, sèchement.)

Venez,
Berthe, à votre piano.

(En tournant le dos à Gaston qui la salue.)

Le fâcheux pique-assiette.

(Au moment de sortir elle se retourne.)

Mon Dieu, monsieur Gaston, votre chien m'inquiète...
Il a fait un vacarme affreux, toute la nuit ;
Gardez-le désormais, épargnez-moi ce bruit.

GASTON.

Vous ne l'entendrez plus, madame la comtesse.

BERTHE.

Oh ! ce pauvre animal qui toujours me caresse !

(A Gaston.)

J'avais tant soin de lui quand vous étiez absent !

(A la comtesse.)

Vous le trouviez vous-même encor si caressant,
Chère mère, tantôt ?

LA COMTESSE, avec humeur.

Taisez-vous, je vous prie.

(La comtesse fait sortir Berthe et la suit. Gaston se croise les
bras et les regarde s'éloigner.)

SCÈNE X.

GASTON, seul.

Du jour au lendemain toute femme varie ;
De ce changement-là Berthe a dit le secret.
Du baron la comtesse est l'agent peu discret.
Elle, pour qui j'étais naguère un oracle,
Ne veut plus voir en moi qu'un odieux obstacle
A l'accomplissement de leur commun dessein.
Tous ses mots du baron portaient le contre-seing.

Par elle il fait tenir les cartes, mais lui joue ;
Il a fait faire atout du valet sur ma joue,
Et du chien sur mon cœur. Aurait-on peur de moi ?
Mon œil observateur gênerait-il ? pourquoi ?
Le baron a des fils, la comtesse a des filles :
L'un a plus d'écus, l'autre à d'illustres familles
Est alliée. Eh bien ! cela peut s'arranger ;
Je ne vois nullement que j'y sois un danger.
Mais si l'on méditait quelque projet sinistre
Sur le noble vieillard ?... Oh ! fi donc, un ministre
De l'avenir, héros de la réaction,
Et renommé partout pour sa dévotion !
Ah ! rejetons bien loin cette pensée affreuse !
(Il ouvre le volume et lit quelques lignes.)
La Bruyère immortel, plume toujours heureuse !
(Il lit.)
« Fuyez, retirez-vous, vous n'êtes pas assez loin...
« — Je suis, dites-vous, sous l'autre tropique...
« — Passez sous le pôle, et dans l'autre hémisphère, montez
« aux étoiles, si vous le pouvez.
« — M'y voilà...
« — Fort bien, vous êtes en sûreté... — Je découvre sur la terre
« un homme avide, insatiable, inexorable, qui veut, aux dépens de
« tout ce qui se trouvera sur son chemin et à sa rencontre, et quoi
« qu'il en puisse coûter aux autres, pourvoir à lui seul, grossir sa
« fortune, et regorger de biens... »
Je croirais reconnaître encor là mon baron...
Mais il passe à l'état pour moi d'un moucheron
Qui sur mon nez, quand même, élirait domicile.
Voyons, finissons-en, j'en deviens imbécile.
Le facteur m'a remis une lettre aujourd'hui.
(Il tire de sa poche une lettre cachetée, en examinant la suscription.)
De qui ce griffonnage ?... Eh ! parbleu, c'est celui
De mon cousin d'Auvergne... Allons, quelque nuage,
Je parie, a passé sur le jeune ménage.
(Il décachète, déploie et parcourt rapidement la lettre.)
Je ne me trompais pas... sous le toit conjugal
On veut que chaque jour porte un bonheur égal.

3.

Bien plus doux est le miel, quand on goûte à l'absinthe.
(Tout à coup il cesse de lire, puis y revient; enfin, il lit haut
d'une voix stupéfiée :)
« C'est à tort que je t'ai dit la baronne enceinte ;
C'était un conte absurde alors qu'on m'avait fait. »
(Il reste pétrifié. Un silence.)
Ai-je bien lu ?... croirai-je à l'ignoble méfait ?..
La baronne est d'hier seulement avortée,
Et pourtant de trois jours cette lettre est datée.
Les dévots !... les dévots !... ce regard !... oh ! j'ai peur !
J'en vois encor jaillir la haineuse lueur ;
Oui, c'était un éclair foudroyant... sans tonnerre
Je ne suis rien... lui, c'est un puissant de la terre.
Je suis perdu !... L'infâme a le pressentiment
De ce que le hasard m'apprend en ce moment :
Le secret de sa honte et son ignominie !...
Il faut fuir... fuir !... allons trouver ma compagnie...
La Bruyère a raison : tout un monde entre nous,
Ce serait peu...

SCÈNE XI.

LE MARQUIS, GASTON.

LE MARQUIS, entrant un billet à la main.
J'avais laissé Berthe avec vous ?
GASTON.
Madame la comtesse, hélas ! la revendique ;
On doit étudier la leçon de musique.
LE MARQUIS.
Elle me gâtera cette charmante enfant
Avec... Mon cher ami, vous paraissez souffrant ?
GASTON.
Pour m'envoyer, je crois, en mission nouvelle,
Près de mon directeur une lettre m'appelle ;
Cela me contrarie, oui, monsieur le marquis.

LE MARQUIS.

Nous séparer encore, à peine réunis,
C'est bien dur en effet!

GASTON.

Telle était ma pensée.

LE MARQUIS.

S'il le faut cependant... La chose est donc pressée?

GASTON.

Je l'ignore; aujourd'hui je pense le savoir.

LE MARQUIS.

En dînant, vous viendrez nous l'apprendre ce soir.
Que voulez-vous, mon cher, la vie est ainsi faite;
Rarement ici-bas on fait ce qu'on souhaite.
Partez, obéissez; lorsqu'il en sera temps,
On vous rappellera... soyez sûr... je m'entends...
Venez, où vous voudrez mon coupé vous dépose;
Peut-être aurai-je encore à vous dire autre chose...
Si je partais aussi!...

(Il sort en essuyant une larme à la dérobée.)

GASTON, seul, en levant les yeux au ciel.

Conservez-le, Dieu bon!
Et tous deux gardez-nous des piéges du baron!

(Il sort. Le rideau baisse.)

FIN DU PREMIER ACTE.

ACTE DEUXIÈME

UNE ARAIGNÉE HUMAINE

Le cabinet du baron de Saint-Ignace. — Portes doubles à l'intérieur au fond, à droite et à gauche. — Prie-Dieu, des livres de piété partout sur les meubles et sur la cheminée. — Un budget et des papiers de représentant sur une table de travail. — Entrent le baron et la baronne de Saint-Ignace.

SCÈNE PREMIÈRE.

LE BARON, LA BARONNE DE SAINT-IGNACE.

LA BARONNE, avec vivacité.

Oui, monsieur le baron, vous êtes pour mon père
Trop peu respectueux... cela me désespère !...
Il ne saurait ouvrir la bouche et dire un mot,
Que vous ne le traitiez à l'égal d'un marmot...
De son gendre un beau-père a pourtant droit d'attendre
Quelques égards... sinon, un sentiment plus tendre...

LE BARON, à part.

Est-il permis aussi de vivre si longtemps ?...

(Haut d'un air humble et patelin.)

Plus que vous je m'en veux de ces mauvais instants ;
Je sais que ma nature est loin d'être parfaite,
Et qu'à l'impatience elle est un peu sujette.

(Avec pitié et dédain.)

Il faut pourtant, ma chère, entre nous convenir
Qu'avec sa poésie on n'y saurait tenir.
Pour moi, je ne hais rien tant que les tragédies,
Si ce n'est les faiseurs de drames, comédies,

Et pièces de théâtre, où ces impertinents
Travestissent les mœurs des plus honnêtes gens.

LA BARONNE.

Monsieur, celui qui porte un cœur vraiment honnête
Se préoccupe peu qu'au théâtre on le mette;
Moi, loin de partager vos haines, vos dédains,
J'approuve ces plaisirs, quoique un peu trop mondains.
Dieu me reprit ma mère, hélas! dès mon bas âge,
Et mon père, pour moi, subit ce long veuvage.
Depuis, par sa prudente administration,
Sa fortune a grandi... sans spéculation.
De plusieurs millions je suis seule héritière;
D'un tel père, je crois, on a lieu d'être fière,
Et de trouver fort mal qu'on lui tourne en affront
La couronne de vers dont il pare son front.

LE BARON.

Travers d'esprit!...

LA BARONNE.

                    Cachet sûr d'une âme élevée!...
Il est vrai qu'aujourd'hui c'est folie achevée
Que de faire des vers!... la bourse a des faveurs,
Et des chemins de fer plus chers à nos ferveurs...
Voici la source sainte où l'on boit, et la flamme
Où s'allume l'ardeur qui métallise l'âme!...

LE BARON.

Madame la baronne!...

LA BARONNE.

                    Oh! je vous ai compris!...
Pour vos nouveaux amis de bourse, mon mépris
N'est pas moins grand, monsieur, que le vôtre peut l'être
Pour ces écrivailleurs, au regard qui pénètre,
A la plume qui plonge en nos infirmités,
Et, pour les réformer, peint nos difformités!

LE BARON, à part.

Ma femme, ce matin, sur quelque méchante herbe
Aura marché...

(Haut.)

Pourquoi cette parole acerbe?...
Vous, modèle toujours d'ineffable douceur!
Sont-ce là les conseils de votre confesseur?...

LA BARONNE.

Je voudrais savoir ceux que vous donne le vôtre?...

LE BARON.

Madame!...

LA BARONNE.

Je le crois un éloquent apôtre,
Surtout lorsqu'il vous dit que Dieu point ne défend
Dans le sein maternel d'étouffer son enfant...

LE BARON.

Qui peut vous inspirer cette plaisanterie?...
      (Avec une rage concentrée.)
Toutefois, ne parlez pas si haut, je vous prie.

LA BARONNE.

En vain vous affectez ce sourire discret;
Je lis dans votre peur votre hideux secret...
Depuis le jour fatal de cette fausse couche,
Ce reproche a cent fois expiré dans ma bouche;
J'espérais dans mon cœur étouffer le soupçon
Qui me vint, quand j'eus pris cette affreuse boisson,
Et que je sentis là...

LE BARON.

Pour conserver la mère,
Un pareil sacrifice est souvent nécessaire.
Une couche à votre âge...

LA BARONNE.

Il en a fait l'aveu!...
Et de l'enfer voilà comme on a craint le feu!...
Empoisonner son fils dans le sein de sa femme!...
Mais le parricide est peut-être moins infâme!...
Et l'on n'éprouve pas une ombre de remord!...

LE BARON.

Une couche, madame, était pour vous la mort...

LA BARONNE.

Mourir pour son enfant n'est pas un sacrifice ;
C'est un devoir, monsieur !... Laissons cet artifice ;
Tel n'est point le motif de mon avortement,
Je le sais...

LE BARON.

Vous plaît-il m'écouter un moment ?...
En ce monde, madame, il faut, en toutes choses,
Envisager toujours les effets et les causes,
Et tenir compte aussi de nos intentions,
Si l'on veut sainement juger nos actions.
Sur ce cas, fort commun dans les nobles ménages,
J'ai fait délibérer de pieux personnages.
Je dus leur exposer, si j'avais quatre enfants,
Qu'ils n'auraient plus chacun que cinq cent mille francs.

LA BARONNE.

N'est-ce point suffisant ?... De monsieur votre père
En aurez-vous autant ?...

LE BARON.

Écoutez-moi, ma chère.
Dans le pur intérêt de la religion,
Je leur fis observer qu'il faut un million,
A notre fils aîné, pour son seul apanage,
Si l'on ne veut manquer ce brillant mariage,
Qui, pour le bien du ciel, doit mettre sous ma main
Le plus riche vieillard du faubourg Saint-Germain...

LA BARONNE.

Le marquis...je comprends...vous pourriez,sans miracle,
Dans ce pieux dessein rencontrer quelque obstacle...

LE BARON.

Nous les briserons tous !

LA BARONNE.

Le marquis, autrefois,
A Gaston témoignait de l'amitié, je crois.

LE BARON.

Nous le ferons chasser !...

LA BARONNE.

Il a certaine lettre
Qui, dangereusement, pourrait vous compromettre...

LE BARON.

On ne le croira pas... je le ferai trop vil.
Une trame l'étreint, et j'en tisse le fil !...
Il périra !...

LA BARONNE, à part.
(Haut.)

Qu'entends-je?... Et vos saints personnages
A ce pieux complot ont donné leurs suffrages !

LE BARON, avec componction.

Pour eux comme pour moi, notre but, notre vœu,
C'est le bien de l'Église, et la gloire de Dieu !...

LA BARONNE, pensive et à part.

Poëte au noble cœur, et génie à l'œil fauve,
Des piéges des méchants qu'un bon ange te sauve !...

LE BARON, à part.

Elle se tait... Allons, elle comprend enfin...
(Haut.)

Nous avons, pour ce soir, un thé presque enfantin;
Nous aurons le marquis, la comtesse et ses filles...
Ayez soin que vos fils aient des grâces gentilles.
(On entend sonner.)

Déjà voici quelqu'un; allez les recevoir.

SCÈNE II.

LE BARON, LA BARONNE, UN DOMESTIQUE.

LE DOMESTIQUE.

Pour une affaire urgente on désirerait voir
Monsieur...

LE BARON.

Qui ?...

LE DOMESTIQUE.

C'est, je crois, monsieur le commissaire
De police...

(Le baron fait signe que oui. Le domestique sort.)

LA BARONNE, avec terreur.

Grand Dieu!... si...

LE BARON.

Je sais quelle affaire
L'amène... Allez en paix, ma chère, et laissez-nous...

(Elle sort en levant les yeux au ciel.— Le domestique introduit le commissaire de police par la porte à droite. — Le baron va au-devant de lui avec un empressement marqué.)

SCÈNE III.

LE BARON, LE COMMISSAIRE DE POLICE.

LE BARON.

Soyez le bien-venu, monsieur; asseyez-vous.

LE COMMISSAIRE.

Ma visite, à cette heure, est peut-être indiscrète?...

LE BARON.

Nullement...

LE COMMISSAIRE.

Pour Toulon le navire se frète...

LE BARON.

Comment! Gaston?...

LE COMMISSAIRE.

Lui-même.

LE BARON.

Eh bien?

LE COMMISSAIRE.

C'est un voleur!

LE BARON.

La preuve?...

4

LE COMMISSAIRE.

Nous l'avons... D'où vient votre pâleur ?...
Souffrez-vous ?

LE BARON.

Oui, beaucoup... J'aimais tant ce jeune homme !

LE COMMISSAIRE.

Ah ! monsieur le baron, je sais qu'on vous renomme
Comme un homme d'État, un de nos financiers ;
Mais en invention vaincre nos romanciers !...

LE BARON, interdit.

Comment ?...

LE COMMISSAIRE.

Vous devinez fièrement un coupable.

LE BARON, en riant.

Vous ne savez pas tout ce dont je suis capable...
Qu'avez-vous donc appris touchant ce malheureux ?

LE COMMISSAIRE

Bien des choses. D'abord, à moins qu'on ne soit deux,
Et de taille et de nom parfaitement semblables,
On a dans nos cartons des notes peu louables:..
En mil huit cent quarante était-on assureur ?

LE BARON, à part.

Il s'agit de son frère... ô bienheureuse erreur !...

(Haut.)

Soyez béni, mon Dieu !... Je ne sais... je l'ignore...
Non, je n'avais pas fait sa connaissance encore.

LE COMMISSAIRE.

Eh bien ! c'était alors un bohême, un vaurien ;
Vivant, sans rien payer, en épicurien ;
La terreur des tailleurs, l'effroi des tables d'hôtes...

LE BARON, à part.

Maintenant dans un cloître il rachète ses fautes.

LE COMMISSAIRE.

Mais de vue on l'avait perdu depuis dix ans,
Et depuis son dossier n'avait que feuillets blancs,
Quand vous m'avez parlé des vols d'argenterie

Qu'il pratiquait partout avec effronterie...
Que vous rendez service à la société!...

LE BARON, avec un profond soupir.

Ce fut un grand effort de notre piété!...
Mais vous n'avez pas dit quelle faute nouvelle,
Et quelle preuve enfin...

LE COMMISSAIRE.

Vous nous la donnez belle!

Une faute, monsieur!... c'est un grand criminel;
C'est moi qui vous le dis... Le correctionnel
N'est pas digne de lui!...

LE BARON, à part.

J'aime ce commissaire.

(Haut.)

A-t-il commis un crime, ou serait-il faussaire?

LE COMMISSAIRE.

Cet homme-là, monsieur, est capable de tout.

LE BARON.

Mais, enfin, qu'a-t-il fait?

LE COMMISSAIRE.

Écoutez jusqu'au bout
La lettre que voici qui vient de Valenciennes,
Et vous verrez que là monsieur a fait des siennes.

Il lit :

« MONSIEUR LE PRÉFET DE POLICE,

« Le propriétaire de l'*Hôtel du Renard* nous ayant déclaré que
« deux pièces d'argenterie lui avaient été dérobées pendant la foire
« qui vient d'avoir lieu, nous nous sommes livrés à quelques in-
« vestigations à ce sujet.

« En voyant qu'au nombre des voyageurs de cet hôtel il se trou-
« vait un monsieur Gaston Bernard, inspecteur d'assurances, que
« vous aviez signalé à notre surveillance secrète, nous avons cru
« devoir visiter sa chambre et ses effets avec le plus grand soin ;
« mais nous n'avons rien découvert qui pût justifier le moins du
« monde nos soupçons... Sa surprise et son indignation nous ont
« paru si naturelles et si vraies que nous ne doutons pas de son in-
« nocence.

« Nous avons trouvé dans sa malle 300 francs en or et 500 francs

« en argent. Cette dernière somme lui avait été remise en compte,
« la veille, par le correspondant de la compagnie qu'il représente,
« et qui lui fait un traitement d'environ 8,000 francs par an, ainsi
« qu'il en a justifié.

« Nous croyons qu'il est de la justice et de notre devoir de vous
« informer de ces faits.

« Veuillez agreer, Monsieur le Préfet, etc. »

LE BARON.

Cette lettre, il me semble, est toute en sa faveur.

LE COMMISSAIRE.

Mais de ce *post-scriptum* écoutez la teneur :

« En cherchant parmi les papiers de M. Gaston Bernard, nous
« avons aperçu une inscription sur le grand livre de 3,000 francs de
« rentes 3 %, en son nom, au sujet desquelles nous n'avons cru de-
« voir lui adresser aucune question. »

(D'un air triomphant.)

Eh bien ?...

LE BARON, à part.

C'est sa fortune et celle de sa mère,
Dont eût revendiqué moitié le monastère.

(Il se frappe le front en souriant.)

Ce hasard vient encore en aide à mon dessein...

LE COMMISSAIRE, en lui mettant la main sur le bras
ou le genou.

Monsieur, j'ai sous la main un hideux assassin,
Et mon pauvre collègue est un franc imbécile...
Ah ! que notre métier est un art difficile !
Combien il faut de tact, de pénétration !
Les scélérats ont tant d'imagination !...
Ces rentes, quelle en est la source, l'origine ?
Soixante mille francs !... rien que ça de rapine !
Car, vous me l'avez dit, il n'eut d'autre moyen
Pour vivre que sa place... O le bon citoyen !...
Fra-Diavolo, Mandrin, et Macaire et Cartouche,
J'ai trouvé mieux que vous dans ce sainte Nitouche !...

(Il désigne machinalement le baron du doigt.—Le baron se lève
brusquement et se dirige vers la porte à droite.)

LE BARON.

De tout ceci, monsieur, faites votre profit ;

A de graves soupçons cet indice suffit.
Resserrez le réseau de votre surveillance ;
Excitez vos agents, doublez leur vigilance ;
Qu'ils sèment le soupçon autour du malheureux :
Les meilleurs surveillants sont toujours les peureux.
Mais il faut que cela se fasse avec adresse ;
Qu'il ne soupçonne rien, qu'en rien je ne paraisse.
De tout ce que je dis Dieu me fait un devoir,
Et mon cœur en ressent un profond désespoir !...

LE COMMISSAIRE.

Oh ! monsieur, il est peu d'âmes comme la vôtre !
Si du bout de ses doigts il vous ressemblait l'autre...

LE BARON.

A cet infortuné je m'intéresse fort,
Et je préférerais à sa honte sa mort...

    (A part.)

C'est plus sûr...

LE COMMISSAIRE.

    A grands pas le choléra s'avance...

LE BARON.

Il ne prend que les bons... le reste a trop de chance...
    (A part.)
L'idée est excellente, et nous y penserons...
    (Haut en accompagnant le commissaire en dehors de la porte
              à droite.)

Adieu, mon cher monsieur ; nous vous écouterons
Volontiers, le matin et le soir, à toute heure,
Et surtout quand sera la nouvelle meilleure...

SCÈNE IV.

LA BARONNE, puis SERRET et LE BARON.

LA BARONNE, en entr'ouvrant la porte du fond. — La double
    porte qui est derrière elle est fermée.

Trame trop infernale !... O Dieu, veillez sur lui !...
Pour sauver l'innocent j'implore votre appui !

4.

(Haut en ouvrant la double porte derrière elle.)

Venez, monsieur Serret...

(Serret entre. — Le baron reparaît au même instant à la porte
à droite qu'il referme comme il a déjà refermé la porte inté-
rieure.— Il paraît contrarié en voyant la baronne, et il fixe sur
elle son regard le plus perçant.)

LA BARONNE.

Mon ami, je vous laisse...

J'attends à chaque instant notre chère comtesse...

SCÈNE V.

LE BARON, SERRET, en lunettes bleues.

LE BARON, à Serret.

Gaston?...

SERRET.

Il a reçu sa lettre de rappel...

LE BARON, avec joie.

Et pensez-vous qu'il soit condamné sans appel?...

SERRET.

De le pousser à bout lorsque nous résolûmes,
Nous mîmes,pour cette œuvre,en commun nos deux plumes;
Monsieur a répondu d'un ton presque insulteur;
Sa lettre jusqu'au vif blesse le directeur.

LE BARON.

Je suis content de vous... Dans cette compagnie,
Si votre mission est désormais finie,
Dans une autre demain c'est pour recommencer,
Et dans l'inspection nous allons vous lancer :
Nous sommes du conseil l'âme, à la Bienfaisance...

SERRET, à part.

Vache à lait productive en jetons de présence.

LE BARON, lui remettant des papiers.

Voici votre brevet et vos instructions;
Mais celles concernant vos opérations...
Quant aux nôtres, qui sont, vous le savez, secrètes,

Nous ne les confions qu'aux oreilles discrètes.
Les départements où je vous fais envoyer
Sont amis de Gaston. . il faut l'y décrier...
Il faut dire de lui tout mal imaginable,
Et qu'on le croie enfin de tout point condamnable...
Qu'on n'y songe jamais comme représentant...
Vous comprenez, Serret ?...

> SERRET, en prenant une lettre dans son portefeuille.

Il ne m'en faut pas tant.
Oui, monsieur le baron, l'ombre de cette lettre
Suffit pour à jamais sous votre pied le mettre !...

> LE BARON, en la prenant avec vivacité.

Donnez !...

> Il lit:

« MONSIEUR LE DIRECTEUR,

« Je remis il y a huit jours à un M. Gaston Bernard, se disant ins-
« pecteur de votre compagnie, une proposition de 2,000 francs de
« rentes viagères à constituer sur ma tête ; je lui remis en outre mon
« extrait de naissance qui constate mon âge, plus un mandat, à huit
« jours de date, de la somme de 23,259 francs, montant du prix de
« ladite rente de 2,000 francs.

« J'ai fait une faute, je l'avoue, en lui remettant, presque malgré
« lui, le mandat sans vouloir même accepter un reçu, tant votre pré-
« tendu inspecteur et surtout votre honorable compagnie m'inspi-
« raient une confiance sans bornes.

« Mais comme depuis je n'ai reçu aucune nouvelle, ni de votre
« compagnie, ni de ma rente, ni de mes fonds, ni de votre inspecteur
« qui est parti de Bruxelles à l'improviste, vous devez penser, Mon-
« sieur, quelle est mon inquiétude, et tout ce que j'ai lieu de crain-
« dre, mon mandat échéant aujourd'hui.

« Veuillez, Monsieur, me répondre le plus promptement possible,
« et mettre fin ainsi à ma perplexité.

« Agréez, etc.   Signé, GONZALÈS. »

> LE BARON, avec un sourire de satisfaction.

Ah !...

> SERRET.

J'oubliai, non sans-intention,
Huit jours d'en accuser bonne réception...

> LE BARON.

Mais déjà de six mois cette lettre est datée ?...

SERRET.

C'est un petit péché qu'une date grattée.

LE BARON.

Si le motif est pur qui nous conduit la main,
Et que ce ne soit point un intérêt humain...

SERRET, en s'armant d'un canif.

N'est-ce point notre cas ?...

LE BARON.

De bon cœur je l'accorde.

SERRET gratte et donne quelques traits de plume.

La faute est au canif si la date concorde ;
Et voyez de *janvier* comme il a bien fait *juin !*...

LE BARON, regardant.

C'est pour ma guerre sainte un vigoureux engin !...
Voilà pourquoi Gaston sort de sa Compagnie !...

SERRET.

Je l'insinue à tous !

LE BARON.

Vous avez du génie !...
Des hommes comme vous, voilà ce qu'il me faut !...

SERRET, à part.

Pour les faire, en son lieu, monter sur l'échafaud !...
Mais pour gagner mon pain et celui de ma femme,
Il ne me reste plus que sa ressource infâme !...
Dieu le punisse seul de nos communs forfaits,
Et retombe sur lui tout le mal que je fais !...

LE BARON, à part.

Cet homme me sert bien ; partant, il m'épouvante,
Et je vois que plus tard il faudra que je chante ;
Mais profitons d'abord de ses soins obligeants...
Il est tant de façons de protéger les gens...

(Haut.)

De vos appointements j'ai fait porter la somme
A six cents francs par mois.

SERRET.

Merci, monsieur.

(A part.)

Cet homme,

Pour ses profonds projets, trouve toujours moyen
De se servir des gens sans qu'ils lui coûtent rien...
Quel administrateur et quel grand politique!...

LE BARON, en donnant à Serret une fiole qu'il vient de prendre
dans un placard masqué.

Pour m'écrire, prenez cette encre sympathique
Pour tout ce qui peut craindre un œil trop curieux.

(Avec onction en lui mettant la main sur l'épaule.)

Acquittez-vous toujours de vos devoirs pieux,
Si vous ne voulez pas que Dieu vous abandonne;
De ses grâces, voyez, il comble ma personne,
Moi, d'un maître si grand l'indigne serviteur!
Qui pratique est toujours agréable au Seigneur!...
Surtout ne partez point sans le doux viatique.

SERRET.

Dans ce que j'entreprends c'est toujours ma pratique.

LE BARON, en l'embrassant.

Allez donc, ô mon fils! sur vous Dieu veillera.

(Serret sort.)

SCÈNE VI.

LE BARON, seul.

Puisse-t-il, à son tour, avoir le choléra!
Avec lui l'avenir portera son remède.
Le présent, le présent!... voilà ce qui m'obsède!
Tout semble prévenir pourtant ma volonté;
De la Providence, oui, je suis l'enfant gâté!...
Mais rien n'est fait encore alors qu'il reste à faire.
Gaston va revenir; il faut nous en défaire!...
Privé de son emploi, près de tous ses amis,
Par quelques mots bientôt je l'aurai compromis.
Cela ne suffit point... Il lui reste sa mère;

C'est là le dernier coup, mais le plus nécessaire...
Je ne dois point nourrir de fausse illusion ;
Je sais ce que vaut l'homme, et son explosion
Pourrait être pour moi d'autant plus dangereuse
Que le tube est chargé de façon vigoureuse...
Tant qu'il vit, il aura sa plume... ma terreur!...
Que de fois dans son œil j'ai surpris la lueur
Qui trahit le génie; et que de soins, de peine,
Il m'a fallu quinze ans pour en tarir la veine!...
Que de fois j'ai senti l'étouffant appareil,
Sur lequel je pesais, m'annoncer son réveil
Par des tressaillements!... Tout entier qu'il succombe
Sous mes coups redoublés, ou bien c'est moi qui tombe!...
Chère inquisition! ô Bastille! échafaud !...
Autrefois c'était beau !... mais maintenant il faut,
Ou par la calomnie, ou par le suicide,
Ou par l'emploi toujours dangereux d'un acide,
Tuer celui qui fait obstacle à nos desseins !
Et l'on met tout le monde au banc des assassins!...
Dans quel temps vivons-nous?...

                         Un silence.

                    Il se tuera lui-même!
C'est là de toutes parts que tend mon stratagème...
Sa mère habite Rome avec son second fils;
Et bien qu'elle lui dût ses uniques soucis,
Pour cet enfant elle eut toujours de la faiblesse...
Sachons en profiter : alarmons sa tendresse;
Faisons-le inquiéter dans son abri pieux;
Qu'on le chasse, s'il faut, pour la décider mieux !...
En même temps Beauloup, prélat qui la domine,
De ma part lui dira que Gaston se ruine,
Et qu'elle doit enfin ressaisir, à tout prix,
Les fonds que sous son nom en rentes il a mis.
Comme il en fit l'achat avant la république,
Dans les cours les plus hauts, l'affaire se complique...
Il rend le capital... et nous faisons si bien,

Que fui, haï de tous, il ne lui reste rien !

(On entend des voix au fond, la porte double s'ouvre et le
marquis parait avec Gaston.)

C'est lui !...

SCÈNE VII.

LE BARON DE SAINT-IGNACE, LE MARQUIS DE CLARENCE, GASTON.

LE BARON, se précipitant au-devant de Gaston.

Mon cher Gaston !.. ah ! que je vous embrasse !...

(Il applique ses joues contre les siennes à la mode des prêtres.)

LE MARQUIS.

Dieu sait comme il mérite une pareille grâce !...

LE BARON.

Serait-ce encore un coup de sa tête ?...

LE MARQUIS.

Oui, vraiment !

Pour que vous le grondiez un peu sévèrement,
Je vous l'amène exprès... Cette folle cervelle,
Vient-elle pas de faire une sotte querelle
Qui le brouille à jamais avec son directeur ?
Pour une lettre encor, dont un sot est l'auteur !...

LE BARON.

Eh bien ! vous le voyez, il n'en fait jamais d'autre...

GASTON, à part.

Commence à m'échiner, baron, le bon apôtre !...

LE BARON.

Je crois que cette fois c'est un point bien acquis ;
Je vous l'ai dit souvent...

GASTON.

A monsieur le marquis
Vous parlez mal de moi ?...

LE BARON.

Je ne veux point le taire ;

Oui, vous avez du bon dans votre caractère ;
Pourtant vous aurez peine à rester nulle part...

GASTON, à part.

Comme il tourne un méchant compliment avec art !...

LE MARQUIS.

Ah ! que j'ai querellé souvent son inconstance !...

LE BARON.

Esprit trop amoureux de son indépendance,
Il veut ne reconnaître aucune autorité,
Et n'a de foi qu'en sa supériorité...

GASTON, à part.

Tudieu ! la bonne enseigne à laquelle il me loge !...
Il fait de mes vertus un vrai martyrologe !...

LE MARQUIS.

Gaston ne peut rester sans occupation ;
Il faut amortir cette imagination.
Moi, je suis tout à fait en dehors des affaires ;
J'ai les pieds à la fois sur les deux hémisphères !...
(Avec ironie.)
Mais vous, mon cher baron, si franc républicain,
Qui sur le ministère avez presque la main,
Vous pourriez nous donner une sous-préfecture ?...

LE BARON.

Quoi ! faire un sous-préfet avec cette nature ?...
Mais il mettrait en feu son arrondissement,
Et peut-être bientôt tout le département !...

GASTON.

Vous me connaissez bien... je suis d'un caractère
A ne pouvoir plier sous le joug militaire :
Je commande toujours, et n'obéis jamais.

LE BARON, au marquis.

N'est-ce pas là tantôt ce que je vous disais ?...

LE MARQUIS, à Gaston.

Vous songez bien pourtant à faire quelque chose ?

GASTON.

Comme monsieur Jourdain je ferai de la prose.

LE MARQUIS.

Et des vers, n'est-ce pas ?...

LE BARON.

Vous vous feriez auteur ?...

GASTON.

Si j'espérais du Pinde atteindre la hauteur,
Pourquoi pas ?...

LE BARON.

Ah ! fi donc ! l'existence bohême
Aurait-elle pour vous des attraits ?...

GASTON.

Tout de même.

LE BARON, à part.
(Haut.)

Il me fait peur... Il faut faire un bien gros roman
Pour gagner comme vous huit mille francs par an.

GASTON.

Le vrai républicain de bien moins se contente,
Car il sait vivre avec douze cents francs de rente.
Vous ne comprenez pas si peu d'ambition,
Vous, pour qui l'on est pauvre avec un million !...

LE BARON, à part.
(Haut.)

M'aurait-il deviné ?... Bien souvent on affiche
Ces airs-là... Mais au fond, l'on brûle d'être riche.

GASTON, avec emportement.

Ceux qui sur le visage ont un masque menteur
Sont ceux...

LE MARQUIS.

Mon cher Gaston, je suis votre tuteur,
Et mon affection vous est assez connue...

LE BARON, bas au marquis.

Vous voyez, ce garçon manque de retenue...

LE MARQUIS, bas au baron.
(Haut.)

Ménagez son humeur... Cher Gaston, par pitié,

Croyez-en les conseils de ma vieille amitié;
Du bel-esprit fuyez la glissante carrière;
Avant d'y mettre un pied, revenez en arrière.

LE BARON.

Ah! fi donc! vous seriez un de ces écrivains
Dont on ne doit jamais des yeux perdre les mains,
Lorsque, dans votre chambre, ils viennent en visite,
Et qu'une bourse ou montre, au clou, les sollicite?...

(Il prend sa bourse qui était sur la cheminée et la met dans
sa poche.)

GASTON, avec un profond dédain.

Ah! monsieur le baron, vous ne le pensez pas
Ce que vous dites là... c'est d'un esprit trop bas!...

LE MARQUIS,

Ce n'est que l'intérêt excessif qu'il vous porte...

GASTON, avec force.

L'exagération, en ce cas, est trop forte!
L'air où vit le poëte est un air élevé,
Et qui serait mortel à l'esprit dépravé...

(Au baron, en s'approchant de lui.)

La bassesse, monsieur, elle tient à la terre;
Elle craint le poëte à l'égal du tonnerre!...

(A part, avec un geste rachelien.)

Il pâlit!...

LE MARQUIS, au baron.

C'était fort... Mon cher, il a raison.

(En s'appuyant avec amitié sur le bras de Gaston.)

De la chasse bientôt arrive la saison;
Venez, comme toujours, en mon château l'attendre:
A loisir nous verrons quel parti mieux vaut prendre.

GASTON.

Oui, monsieur le marquis, vous êtes bon pour moi;
Mais, comme on dit, il n'est pas de petit chez soi,
Et je sens le besoin de vivre avec moi-même...

LE MARQUIS.

Vous me refuseriez?... voilà comme on nous aime!...

Je comprends... un vieillard est un être ennuyeux...
Tout le monde le fuit !...

GASTON.

Oh ! connaissez-moi mieux :
Je vous suis dévoué !... Mais tout devient ombrage
Pour ces ambitions, ordinaire entourage
De tout homme qui meurt fort riche et sans enfants...
Et moi, je rue alors qu'on me pique les flancs !...

LE MARQUIS, avec tristesse.

Triste condition d'une richesse extrême
Qui rend mon amitié fatale à ce que j'aime ! ..
On éloigne à plaisir ceux que j'attire à moi,
Et tout cœur noble et grand dans lequel j'aurais foi ;
Dans mon âme on fait une immense solitude ;
Je n'aperçois partout, dans cette multitude
De soi-disant parents, de fourbes, de flatteurs,
Que de vils charlatans aux visages menteurs ;
On me condamne à vivre en pareille atmosphère,
Et l'on peut s'étonner encor que je préfère
Courir au bout du monde, afin d'entendre un mot
Qu'on ne traduise point par l'espoir d'un lingot...

LE BARON, à part.

(Haut.)

Ce vieillard a du sens... Il est pourtant des hommes...

LE MARQUIS, avec amertume.

A chacun, cher baron, je puis dire les sommes
Que ces honnêtes gens rêvent après ma mort...

LE BARON.

Votre misanthropie est ce soir...

LE MARQUIS.

Ai-je tort ?...
On m'accuse, je sais, comme tout vieillard riche,
D'être égoïste, froid, et de mon bien trop chiche ;
D'avoir un cœur de roc par l'âge desséché ;
Dans mes intentions d'être surtout caché...
Parmi ces chercheurs d'or auxquels je sers de mire,

Ne peut-il s'en trouver un...

(Son doigt s'est lentement levé vers le front du baron, qui tressaille.)

LE BARON, en se remettant et fixant Gaston.

J'allais vous le dire...

(A part.)

Admirable à-propos ! trait vraiment lumineux !...

(Haut, avec une intention marquée.)

J'ai remarqué souvent qu'un esprit soupçonneux,
Sous je ne sais trop quelle influence maligne,
Choisit pour s'y fier toujours le plus indigne...

(Gaston fait un mouvement de colère. Le baron continue d'un
air bonhomme.)

Ce ne peut être ici qu'une réflexion...
N'avez-vous jamais fait cette observation ?...

LE MARQUIS.

Parfois cela s'est vu...

GASTON, à part.

Voilà l'ignoble guerre
Que, pour m'assassiner, cet homme va me faire...
C'est là qu'il veut porter ses plus terribles coups ;
Je dois le surveiller...

(Haut, en s'approchant du marquis.)

Sans m'installer chez vous,
Je puis être, monsieur, dans votre voisinage ;
Près de votre château je sais un ermitage :
C'est du hameau voisin la dernière maison.
J'ai conçu le projet d'y rester la saison ;
Aux champs, toujours le temps fuit plutôt qu'il ne passe..
Voilà venir bientôt le moment de la chasse,
Et ce fut de tout temps ma grande passion...

LE MARQUIS.

C'est vous qui m'imposez la séparation ;
Car c'en est une, allez !... je crains qu'on ne me force
A rendre, malgré moi, complet notre divorce...
Encore un !...

LE BARON, à part.

Il consent!... oh! le coup a porté!...

(Haut, en ouvrant la porte du fond.)

N'oublions pas, messieurs, les dames et le thé...
En effet, au salon j'entends qu'on nous réclame...

LE MARQUIS, en sortant appuyé sur le bras de Gaston.

Vous m'avez mis, Gaston, la tristesse dans l'âme!...

LE BARON, seul, à part.

Il veut se faire auteur!... vienne le choléra,
Et j'entends une voix qui me dit : « Il l'aura. »

(Le rideau baisse.)

FIN DU DEUXIÈME ACTE.

ACTE TROISIÈME

LES NAUFRAGEURS

La scène est au village de Morville. Le théâtre représente un appartement de garçon. Au deuxième plan, à gauche, une cuisine ; à droite, parallèlement, une alcôve fermée ; entre les deux, la porte d'entrée. Corridor au fond. Porte à droite donnant dans une autre pièce ; fenêtre en face de cette porte ; le secrétaire et la bibliothèque de chaque côté de la fenêtre. A gauche, au premier plan, un canapé, table de travail au milieu, chaises et fauteuils de campagne en bois peint, un tapis d'occasion.

SCÈNE PREMIÈRE.

(Gaston revient de la chasse ; fusil, carnassière, guêtres. La carnassière regorge. Son chien le suit.)

GASTON, seul.

Deux lièvres, huit perdreaux ; passable est l'ouverture.
L'épaule seulement se plaint de l'aventure.
Ouf ! débarrassons-nous de ce riche butin,
Et toi, mon chien, tu t'es illustré ce matin ;
A ton arrêt j'ai pris cette charmante caille.

(Il va dans la pièce à droite, où il dépose sa carnassière et son attirail de chasse et y fait entrer le chien.)

Mettons-la dans la cage, et toi dors dans ta paille.

(Il rentre en scène et se dirige vers la cuisine.)

Maintenant, un coup d'œil à notre pot-au-feu...
Son parfum est vraiment digne d'un cordon-bleu.
Madame Raboudin a soigné ma cuisine ;
Ce serait, j'en conviens, une utile voisine,
N'était son rêve ardent d'un bureau de tabac.

Ce bouillon me fera du bien à l'estomac;
Qu'au déjeuner prélude un savoureux potage...
(Il écoute... — Avec impatience.)
La Raboudin déjà qui grimpe mon étage.

SCÈNE II.

GASTON, MADAME RABOUDIN.

MADAME RABOUDIN.

Gras est ce carnier...
(Gaston lui montre son gibier.)
Ah !

GASTON, lui donnant deux perdreaux.

Pour vous ces deux perdreaux.

MADAME RABOUDIN, à part.

J'aimerais bien autant un de ces beaux levreaux.
(Haut.)
Merci, monsieur. — Paraît que vous avez la chance ?

GASTON.

Un peu.

MADAME RABOUDIN.

Que ferez-vous de cette autre pitance ?

GASTON.

Je compte l'envoyer dès ce soir au château.

MADAME RABOUDIN.

Que ce gibier eût fait un superbe gâteau !

GASTON.

C'est celui du marquis, il faut bien qu'il en goûte.

MADAME RABOUDIN.

Ah ! vous ne savez pas comme je fais la croûte !

GASTON.

Vous nous le montrerez au premier qu'on tuera.

MADAME RABOUDIN.

Sait-on qui vit ou meurt avec ce choléra ?...
A propos, savez-vous que Fauconnier, le garde,

En est mort cette nuit ?

GASTON.

En ce cas, Dieu nous garde !

MADAME RABOUDIN.

Il est vrai qu'il noçait plus souvent qu'à son tour ;
C'est pour ça que si vite il aura vu le tour.

GASTON.

Je lui disais hier encor : « De la prudence ;
« Les excès sont mortels en cette circonstance. »
Que je plains sa famille !

MADAME RABOUDIN.

Il avait huit cents francs ;
Cette place à mon vieux...

GASTON.

Il laisse huit enfants !

MADAME RABOUDIN.

Trop jeunes sont les gars.

GASTON.

On mariera sa fille,
Et le gendre aidera sa nombreuse famille.

MADAME RABOUDIN.

Donnez pas cette idée à monsieur le marquis.

GASTON,

S'il me le demandait, ce serait mon avis.

MADAME RABOUDIN.

Nous qui comptions sur vous pour enlever la place...

GASTON.

Il faudra, je le crois, que votre vieux s'en passe.

MADAME RABOUDIN.

Vraiment, ce n'est pas bien.

(A part.)

Les hommes sont ingrats !

(Haut.)

Comme le pot-au-feu me paraissait trop gras,
J'ai pris tout le dessus pour mon vieux.

GASTON.

Brave femme !

MADAME RABOUDIN, à part.

On les carotte à mort, et ça n'y voit que flamme.
(Haut.)
Vous allez prendre aussi le plus fameux bouillon...
(A part.)
A moins qu'un peu trop d'eau ne l'ait fait un peu long.
(Haut.)
Voyez avec quel soin j'ai fait votre ménage!
Ce n'est pas l'embarras, si j'avais pas mon âge,
C'est qu'on pourrait gloser... Un jeune homme si bien,
Dans ma maison, toujours seul...

GASTON.

On ne dira rien.
Pourtant, si vous craigniez... j'en chercherais une autre.

MADAME RABOUDIN.
(A part.)
Qui donc vous soignerait comme moi?... bon apôtre!...
Aurait-il reluqué quelque jeunesse ici?
(Haut.)
Si jamais vous avez le choléra!...

GASTON.
Merci.

MADAME RABOUDIN.
Que ce gentil tapis ferait bien dans ma chambre!...
Nos carreaux sont si froids sitôt que vient novembre.
Mais ce soir au château n'allez-vous pas dîner?

GASTON.
Permettez que d'abord je songe à déjeuner.

MADAME RABOUDIN.
Oh! vous êtes à jeun?... Faut-il que j'accommode?...

GASTON.
Merci; j'ai le bouilli, puis du bœuf à la mode;
C'est assez.
(Il accompagne madame Raboudin pour qu'elle sorte,)
MADAME RABOUDIN, sur le point de sortir.
A propos, à monsieur le marquis

Parlez donc du bureau de tabac et d'acquits,
Mon vieux les fera bien tous deux...

GASTON, avec impatience.

De votre affaire

Nous causerons, allez...

(Elle sort.)

SCÈNE III.

GASTON, seul.

Il est bon à tout faire

Ce bonhomme impotent qu'elle appelle son vieux.
Que tous ces gens-là sont rapaces, envieux !
Hélas ! moi qui croyais que loin des grandes villes,
Aux champs, je trouverais moins de ces âmes viles ;
Que je me suis trompé !... De sa cupidité
Cette femme a montré toute la nudité ;
Sur sa face j'ai lu l'instinct de ces sauvages
Qui, des bords de la mer, provoquent les naufrages,
Lorsque le choléra tantôt et mon tapis
Se sont dans sa pensée à l'improviste unis !
Dans mon isolement bonne serait l'épave ;
On attend que le flot cholérique la lave !...
Oui, du plus haut degré de l'échelle au plus bas,
On ne rencontre plus qu'infamie ici-bas !
Partout pour une place un époux vend sa femme,
Et la mère sa fille !... Oh ! le monde est infâme !
Et l'art de le pousser dans ce sentier fatal
S'appelle, en haut argot, l'art gouvernemental !...
Par la mendicité toute âme est pervertie,
Et tout prince, qui veut fonder sa dynastie,
Sait trop bien qu'en créant quelques cent mille emplois,
Il fait des mendiants par milliers à la fois...
Or, depuis cinquante ans, trois familles royales
Sur la France ont versé, de leurs mains libérales,
Cette rage d'emplois, cette corruption

Qui devait énerver la grande nation.
Mais espérons qu'enfin les mœurs républicaines
Mettront un sang plus pur et plus sain dans ses veines,
Et que tout citoyen apprendra, comme moi,
A borner ses besoins, à se suffire à soi !

> (Gaston se dispose à déjeuner et met des tranches de pain
> dans une soupière.)

Qui de peu se contente a bonheur et richesse.
Dans ces mots de Socrate est l'humaine sagesse :
« N'avoir pas de besoin c'est ressembler aux dieux
« Qui n'ont besoin de rien. » Je voudrais en tous lieux
Qu'on lût en lettres d'or cette phrase sublime,
Que tout Français en fît sa plus chère maxime ;
Car ce sont ces besoins qui vont toujours croissant
Qui font que l'homme va toujours s'avilissant...
Un ministre osa dire : Enrichis-toi !

> (On entend sonner.)

                                        Qui sonne?
Qui m'importune encor ?... Je n'attendais personne.

> (Il va vers la porte, au fond du corridor. Il ouvre, et la comtesse
> parait. Gaston lui offre son bras et rentre en scène, Berthe les
> suit. Kaffner reste près de la porte.)

SCÈNE IV.

GASTON, LA COMTESSE, BERTHE ET KAFFNER
qui va et vient au fond du corridor.

GASTON, à la comtesse.

A quoi puis-je devoir un tel excès d'honneur,

> (En se tournant vers Berthe.)

Madame la comtesse, ainsi que mon bonheur?

LA COMTESSE.

Oui, nous avons voulu vous faire une surprise.

GASTON.

Et vous ne doutez pas que beaucoup je la prise ;
Mais je vous recevrai, mesdames, sans façon.

LA COMTESSE.

Comme tout porte ici le cachet du garçon !
Vous êtes établi d'une façon divine ;
Il ne vous manque rien, pas même la cuisine.
Vous faites, m'a-t-on dit, fort bien un pot-au-feu ?
　(A part.)
La preuve... je la sens...

GASTON.

Je fais de tout un peu.

LA COMTESSE.

Mais vous vous ravalez ?

GASTON.

Ici je vis en sage.

LA COMTESSE.

Vous vous trompez, mon cher, vous vivez en sauvage.

GASTON.

Les sauvages parfois sont plus sensés que nous.

LA COMTESSE.

J'en sais de plus sensés encor : ce sont les fous ;
Et vous le deviendrez, j'en ai la certitude,
Si vous vivez longtemps dans cette solitude.
C'est bien l'avis aussi de notre cher marquis.
Comment avez-vous pu préférer ce taudis
A l'hospitalité du château de Clarence?

GASTON.

D'avance j'en savais toute la différence ;
L'absence du confort est pour moi moins que rien ;
Je suis républicain, madame, et le suis bien,
Car je préfère à tout ma chère indépendance.
Mon instinct politique est trop en dissidence
Avec l'opinion de gens que j'aime fort ;
Et voilà le secret, madame, de mon tort.

BERTHE.

Mon cher oncle pour vous m'a chargé d'un message ;

Il pense, en ce moment, qu'il ne serait point sage,
Jusques dans son foyer, de braver le fléau.
Tous, nous abandonnons dès ce soir le château;
Il nous mène en Auvergne, à sa terre des Ries.
Venez voir avec nous vos montagnes chéries;
Mon oncle d'un refus serait trop désolé;
Du monde entier ici vous êtes isolé;
Dans tous ces environs le choléra décime
La population; chaque heure a sa victime.
Si vous étiez atteint?... voudriez-vous mourir?

                    LA COMTESSE.

Abrégeons; sur ce point c'est assez discourir.
Venez-vous?

                    GASTON, à Berthe.

             La raison parle par votre bouche;
De votre oncle pour moi tant de bonté me touche.
A quelle heure part-on?

                    BERTHE.
                                     (Bas.)
             A six heures. C'est bien.

                    GASTON, bas aussi.

Quand vous plaidez ainsi peut-on refuser rien?

       KAFFNER, qui écoutait dans le fond depuis un instant, à part.
Il accepte!

                    LA COMTESSE, à part.

             Un refus m'aurait plus diverlie.
Le baron, à sa place, était de la partie...
Mon oncle est ridicule avec son engoûment
Pour ce cuistre.

                    BERTHE, malicieusement.

             A propos, un grand événement
Au château... le baron, monsieur de Saint-Ignace;
Il voulait avec nous partir à votre place;
De Paris il arrive avec son médecin.

                                              6

C'est lui qui de mon oncle a changé le dessein,
En l'engageant à fuir loin de l'épidémie.

GASTON, à part.

Je sentais à cet air saturé d'infamie
Qu'il n'était pas bien loin.

LA COMTESSE.

Et ce conseil est tel,

Qu'il ne saurait venir que d'un bon naturel...
Comme nous, vous avez quelque malle sans doute
A préparer, avant que de vous mettre en route?
Ainsi nous vous laissons ..

GASTON.

J'ai là quelque gibier;

Tout à l'heure au château je comptais l'envoyer.

LA COMTESSE.

Au fond de mon coupé Kaffner pourra le mettre.

GASTON.

D'offrir à vos enfants daignez-vous me permettre
Un charmant cailleteau que j'ai pris tout vivant;
D'autant qu'en mon absence il aurait faim souvent.

BERTHE.

Oh ! voyons-le, de grâce !...

(La comtesse et Berthe suivent Gaston dans la pièce à droite. Kaffner entre aussitôt avec précaution, et jette autour de lui un regard furtif et rapide.)

KAFFNER, en entrant dans la cuisine.

Ici, c'est la cuisine.

Son déjeuner tout prêt !... merci, bonté divine !
Vite dans ce bouillon... gare le choléra !..

(En sortant de la cuisine et refermant la porte :)

Avec son cher marquis le baron partira.

(Il disparaît au fond du corridor. Berthe rentre en scène tenant une caille dans sa main.)

BERTHE.

Allez, Médor, laissez cette petite bête;
Combien elle est jolie, et quel amour de tête!

(Elle l'approche de sa bouche et lui donne des baisers.)

GASTON, donnant le bras à la comtesse.

C'est là l'appartement de mon meilleur ami.

LA COMTESSE.

Vous n'êtes pas, je vois, misanthrope à demi.
Pour tous les hommes donc égale est votre haine?

GASTON.

Oh! pour haïr, il faut qu'on en vaille la peine;
Le mépris est moins lourd, et souvent mérité.

LA COMTESSE.

Vous traitez joliment la pauvre humanité.
Vous-même êtes du moins d'une meilleure étoffe?

GASTON.

Je ne dis point cela...

LA COMTESSE.

Vous êtes philosophé.

GASTON.

Que peut-on être avec notre éducation?
Il n'est plus aujourd'hui qu'une vocation,
Et l'enfant au berceau déjà rêve une place.
Quel homme voulez-vous plus tard que cela fasse?

LA COMTESSE.

La boutade me plaît. A bientôt?

GASTON.

Ce gibier?

LA COMTESSE.

Dans le coupé, Kaffner, portez-le.

KAFFNER.

Et le carnier?

GASTON.

Aussi.

KAFFNER.

Monsieur Gaston, comme vous êtes pâle !

GASTON, à la comtesse.

Trouvez-vous ?

LA COMTESSE.

Nullement. Du grand air c'est le hâle ;
Ce garçon-là partout ne voit que choléra.

(Elle sort en donnant le bras à Gaston. Berthe les précède.)

SCÈNE V.

KAFFNER, seul.

Cette précaution deux fois nous servira ;
Elle explique le mal, et la peur l'accélère.
Ici notre docteur aura bientôt affaire.
Allons l'en prévenir.

(Il sort. Gaston rentre.)

SCÈNE VI.

GASTON, seul.

Que veut dire ceci ?
La comtesse chez moi ! Berthe venant ici,
Par ordre du marquis, m'imposer ce voyage...
Et lui, de plus en plus, me fait plus froid visage...
Diplomate toujours !... Non, je n'y comprends rien...
Est-ce son bon génie, ou serait-ce le mien
Qui l'inspire ? De l'autre il pressent l'influence,
Et contre le baron il cherche une défense.

Sa subite arrivée, avec son médecin,
En un pareil moment, trahit quelque dessein.
Pour moi, pour le marquis, il est une menace...
Il ne faut pas qu'il parte, avec eux, à ma place.
Puisqu'enfin je suis seul, hâtons mon déjeuner...

(Il se sert un potage et mange.)

Grâce à l'épidémie, on peut empoisonner
Impunément tous ceux de qui l'on prend ombrage.
Je trouve un méchant goût à ce fameux potage;
J'avais un appétit de vrai Gargantua,
Et déjà je me sens tout rassasié... pouah !

(En cessant de manger :)

La faute en est sans doute au dernier épisode.
Ma surprise... Essayons le remède à la mode,
Du thé coupé de rhum.

(Il prépare du thé. Tout à coup, en se mettant à son bureau,
comme obéissant à une inspiration :)

A tout événement,
On n'en meurt pas plus tôt... faisons mon testament.

(Il écrit en silence, puis il dit en écrivant encore :)

« J'entends qu'on place tout en rentes viagères,
« Par moitié sur les deux têtes qui me sont chères,
« Du moine et de ma mère. »

(Il cesse d'écrire. En riant :)

Allons, ab intestat,
Nous ne mourrons donc pas... Mes rentes sur l'État
Avec ce testament, sous la même enveloppe.

(En mettant le cachet :)

Vraiment, c'est singulier... j'ai comme une syncope.

(Il écrit.)

A présent la formule : « Ouvrir après ma mort. »

(Il se promène en se frottant les mains avec action.)

Je me sens un frisson. Ah ! j'ai peut-être eu tort...
Ce matin j'ai chassé les prés et la rivière...
Le fameux pourvoyeur de chaque cimetière,

Toutes les nuits, dit-on, y tend un hameçon ;
M'y suis-je laissé prendre en stupide poisson ?

(Entre madame Raboudin.)

SCÈNE VII.

GASTON, MADAME RABOUDIN.

MADAME RABOUDIN.

Peste ! vous recevez des visites soignées ;
Leurs robes, on dirait des toiles d'araignées !

GASTON, d'un air pensif.

De mon bouillon le goût vous a donc paru bon ?

MADAME RABOUDIN.

N'est-ce pas, cher monsieur, que c'est du vrai bonbon?

GASTON.

Je lui trouve au contraire un goût désagréable.

MADAME RABOUDIN.

Vous êtes délicat.

GASTON.

Goûtez-le donc.

MADAME RABOUDIN.

Ah ! diable!
Ça m'écœure ; c'est vrai, ce potage est malsain.

GASTON.

Vous n'avez pas ici, je crois, de médecin ?

MADAME RABOUDIN.

Il en est un fameux dans le prochain village.

GASTON.

Envoyez-le chercher...

MADAME RABOUDIN.

Vous changez de visage !
Sentiriez-vous du mal ?...

GASTON.

Je me sens peu dispos ;
Envoyez-le chercher au plus tôt...

MADAME RABOUDIN.

A propos,
Le valet qui tantôt accompagnait madame...

GASTON.

Envoyez un exprès, de grâce, chère dame.

MADAME RABOUDIN, continuant.

Me disait qu'au château notre excellent marquis
En a fait venir un pour nous guérir gratis.
Je cours donc le chercher...

GASTON, avec terreur.

Non, je vous en supplie,
Je ne veux pas de lui !...

MADAME RABOUDIN.

Pourquoi ?... quelle folie !...

GASTON.

Tout autre, mais pas lui !... Courez donc, hâtez-vous !

MADAME RABOUDIN, à part, en sortant.

Oui, je cours au château...

SCÈNE VIII.

GASTON, seul.

(Il se regarde dans une glace, puis se tâte le pouls.)

Je suis pâle !... Mon pouls
Est dur et saccadé... J'ai soif !...

(Il prend une tasse de thé.)

Mon sang se fige...
Mes pieds, mes doigts glacés... Déjà j'ai le vertige...
Je n'en saurais douter... C'est bien le choléra!...
A mon secours, mon Dieu!... personne ne viendra!...
Je ne vous verrai plus, ô mon frère, ô ma mère!...

(On entend le roulement d'une voiture qui s'arrête sous la
fenêtre. Il écoute.)

O mon Dieu! vous avez entendu ma prière!...
L'on vient ici, l'on monte...

(Il se laisse tomber sur le canapé.)

Il était temps!...

(Le docteur Martin entre en se précipitant.)

SCÈNE IX.

GASTON, MARTIN.

GASTON.

C'est toi!...
Toi, mon meilleur ami, cher docteur, sauve-moi!...

MARTIN.

On ne vient pas, mon cher, en poste, pour des prunes.
Tes maîtresses, Gaston, sont femmes peu communes!
Heureux coquin!...

GASTON.

Docteur!...

MARTIN.

Va, nous te sauverons;
A cet ange d'amour nous te conserverons...

GASTON.

Martin, fais un peu trêve à la bizarrerie;
L'instant est mal choisi pour la plaisanterie...

MARTIN, en lui tâtant le pouls.

Je ne plaisante point...

GASTON.

Est-ce le choléra ?

MARTIN.

Ta langue...

(Il examine la langue, palpe le ventre et touche le front de
Gaston. Se parlant à lui-même :)

(Haut.)

Pouls dur, œil creux... On t'en tirera...
Depuis quand souffres-tu ?...

GASTON.

Depuis tantôt une heure.

J'ai chassé ce matin...

MARTIN.

C'est étrange, ou je meure !...
A peine à mon lever commençais-je à songer,
Que m'arrive l'avis qui m'apprend ton danger ;
Un billet de cinq cents était sous l'enveloppe...
Je m'habille, je pars, et jusqu'ici galope...
Je ne l'ai point rêvé, car voici le billet.

GASTON.

Si tu dis vrai, la chose est étrange, en effet...

MARTIN.

Mais tu reconnaîtras peut-être l'écriture ?...

GASTON.

Du tout.

MARTIN.

C'est une fée alors, la chose est sûre.
Pour te sauver, Gaston, elle m'inspirera.
Fuis d'abord cet infect foyer de choléra ;
Dans ma voiture il faut à l'instant que tu viennes,
Ou bien que je t'y porte. En bon air est Luciennes :
Le terrible fléau l'a toujours respecté.
Heureusement j'ai là ma maison de santé...
Hâtons-nous et partons... Dans ce pauvre village,
Tu n'es peut-être pas sûr de ton entourage ?...

GASTON.

Il se pourrait... Ferme soigneusement
Tous ces placards... et prends ceci... mon testament.
Au noble et cher marquis que j'aurais voulu dire
Un adieu !...

MARTIN.

Hâte-toi... tu peux encore écrire...
Seulement il est bon qu'on ignore où tu vas...

(Martin retire toutes les clefs des armoires qu'il ferme à double
tour ; puis, comme saisi d'une idée subite, il verse de l'eau dans
une tasse, y mêle des poudres qu'il prend dans une trousse, et
prépare une potion ; il met ensuite sur les épaules de Gaston une
couverture de laine, et par dessus jette un manteau.)

(Gaston plie sa lettre, met l'adresse, et la place sur la table
bien en vue.)

GASTON, avec effort.

C'est fini...

MARTIN, en lui donnant la potion.

(Gaston boit.)

Bois ceci.... Maintenant, prends mon bras.

(Ils sortent. On entend le roulement de la voiture et le fouet du
postillon, dont les claquements se perdent dans le lointain.)

SCÈNE X.

MADAME RABOUDIN, seule.

(Elle entre à pas de loup, marchant sur la pointe du pied.
Elle est dans le corridor.)

Je n'entends rien du tout... Ce pauvre cher jeune homme !
Son compte est clair et sûr... il est frit; ou tout comme;
Le médecin l'a dit, il n'en reviendra pas...
Jésus ! que c'est passer tôt de vie à trépas !...
J'ai peur... je n'ose plus entrer dans cette chambre...

(Elle appelle.)

Monsieur ! je sens du froid déjà dans chaque membre !

(En appelant plus fort.)

Monsieur ! monsieur Gaston !... vraiment il sera mort !...

(En réfléchissant.)

Ses héritiers sont loin; sans leur faire grand tort,
Je prendrais ce qui manque à mon pauvre ménage...

(Elle entre dans la chambre et regardant dans l'alcôve et partout :)

Personne! tiens!... peut-être est-il dans le village...
Sans doute il est allé demander du secours...
J'eus tort de le laisser ici seul... et je cours...

(En s'arrêtant tout à coup.)

Ses placards sont fermés; c'est un départ en règle.
Comment! il m'aurait fait un pareil tour d'espiègle
D'aller mourir ailleurs?... Je suis volée... Allons!...
Il attendait, le gueux, d'avoir vu mes talons
Pour faire ce coup-là... Si je m'étais doutée...

(Elle s'arrête devant un placard et se croise les bras.)

Emporter cette clef qu'il n'a jamais ôtée!...
Le scélérat! le monstre!... Il reste le tapis...
Si je...

(En s'approchant de la table.)

Tiens, une lettre...

(Elle lit l'adresse.)

« A monsieur le marquis. »

(Elle lit.)

Et ce papier dessous : « Double de l'inventaire
« Des effets dont répond notre propriétaire. »

(Avec fureur :)

Brigand! nous n'aurons pas une épingle de lui!...

(Le marquis, le baron, le docteur entrent. Le curé les suit.)

SCÈNE XI.

MADAME RABOUDIN, LE MARQUIS, LE BARON,
LE DOCTEUR, LE CURÉ.

LE MARQUIS, à la femme Raboudin.

Eh bien! comment va-t-il ?...

MADAME RABOUDIN.

Il va, qu'il s'est enfui...

(Elle remet la lettre au marquis.)

En laissant ce papier qui porte votre adresse.

(Le marquis, qu'une douleur muette semble écraser, brise le cachet
vivement, lit, puis remet la lettre au baron, en essuyant à la dérobée une larme qui perlait à ses yeux. Le baron, après avoir
parcouru rapidement la lettre, la passe au docteur et au curé, qui
la lisent ensemble.)

LE BARON, à part, en se mordant les lèvres.

A ce garçon, je vois, le hasard s'intéresse...

(Le rideau baisse.)

FIN DU TROISIÈME ACTE.

ACTE QUATRIÈME

LA GUERRE SAINTE

La scène au château de Clarence, chez le marquis. — Un salon
d'hiver, portraits de famille dans tous les panneaux; tapis,
meubles et feu confortable. — Au fond, grande porte à deux
battants; fenêtre à droite.

SCÈNE PREMIÈRE.

LE BARON, KAFFNER, ils entrent.

LE BARON.

C'est bien la vérité, Gaston est à Paris;
Le corps et le cerveau ne sont que trop guéris.
Le ciel l'a protégé dans cette circonstance...

KAFFNER.

En danger le fléau mit bien son existence?...

LE BARON.

Mais Dieu n'a pas permis un pareil dénouement;
Il réserve à l'impie un plus grand châtiment...

(Il regarde à la fenêtre.)

Le soleil morne a mis fin à la promenade
Du marquis... Le voici...

(Il fait un signe, Kaffner sort.)

SCÈNE II.

LE BARON, seul, il continue à regarder silencieusement
à la fenêtre.

Pied pesant, air malade...
Le corps s'est affaissé... mais le moral tient bon,
Et j'aurai tablature à capter le barbon,

7

Tant que je n'aurai point tué dans sa pensée
Ce Gaston dont elle est sans cesse traversée...

(Le marquis entre à pas lents ; il est triste.)

SCÈNE III.

LE BARON, LE MARQUIS.

LE MARQUIS.

Ah ! c'est vous, cher baron !...

LE BARON.

Sur mon calendrier,

C'est la fête aujourd'hui de saint François-Xavier.

LE MARQUIS.

Pour me la souhaiter vous avez fait dix lieues ?...

LE BARON.

Le château de Clarence est une des banlieues,
Un faubourg de Paris, grâce au chemin de fer.

LE MARQUIS.

Je les aime trop peu, n'en parlons pas, mon cher...
Jadis, toujours premier, Gaston, à cette époque,
Venait ou m'écrivait...

LE BARON, à part.

Son absence le choque ;

Donnons à cet égard des explications.

(Haut.)

Savez-vous maintenant ses occupations ?

LE MARQUIS.

Hélas ! non ; je l'ignore.

LE BARON.

Elles sont fort nombreuses ;

Entre nous, il en est même de dangereuses,
M'a-t-on dit, sans compter ce que l'on m'a caché :
Dans le socialisme il cherche un débouché ;
Il veut faire la guerre à l'aristocratie,
A la religion, à la théocratie ;
Dans sa base saper notre société ;
Surtout il est hostile à la propriété.

LE MARQUIS.

Vous n'êtes pas le seul, baron, qui me le dites.
Je ne sais que penser de ces chutes subites;
Depuis ce choléra, qu'il eut pour son malheur,
Chaque heure, à son endroit, m'apporte une douleur.
Ce médecin, venu comme une providence,
Pour le sauver, commit une grave imprudence,
En accusant tout haut de son mal le poison...

(Le baron s'agite dans son fauteuil; il était en face du marquis,
il change de place et se met à côté de lui.)

Un cerveau moins bouillant en perdrait la raison...
Il faudrait à cette âme, ardente et maladive,
Une occupation constante, positive,
Et vous avez eu tort, oui, grand tort, cher baron,
De ne pas lui servir, malgré lui, de patron :
Il ne faut pas laisser se fermer la soupape,
Où la chaudière éclate, et la vapeur s'échappe,
Brûle et tue...

LE BARON.

                Il est vrai; mais ne m'accusez pas:
Pour lui j'aurais tout fait avec bonheur, hélas!
Mais il est des raisons, que je ne puis vous dire,
Qui me paralysaient...

LE MARQUIS.

                La réticence est pire,
En certains cas, baron...

LE BARON.

                Je dois être discret,
Et veuillez m'excuser...

LE MARQUIS.

                Si c'était un secret,
Vous en avez trop dit.

LE BARON, à part.

                Je vois ce qu'il en pense...
Il suffit.

LE MARQUIS.

        De parler des gens en leur absence,
C'est, en effet, fort mal; je confesse mon tort.

(Le curé entre.)

SCÈNE IV.

LE MARQUIS, LE BARON, LE CURÉ, il salue le baron
d'un air d'intelligence.

LE MARQUIS.

C'est vous, curé; le cas est de votre ressort :
Nous parlions du prochain en assez méchant style,
Et c'est une action lâche autant qu'inutile.

LE BARON.

Si c'était de quelqu'un au Seigneur consacré...
Au front par aucun oint Gaston ne fut sacré.

LE CURÉ

S'il s'agit de monsieur Gaston, on peut tout dire;
Je vous appportais même un rapport, pour le lire.
Notre maire n'osait vous en entretenir,
Sachant qu'à ce monsieur vous paraissiez tenir.

(Le marquis prend le papier et s'éloigne un peu des autres
interlocuteurs qui causent entre eux et l'observent.)

LE MARQUIS, se parlant à lui-même.

Une note émanant du préfet de police!...

(Il lit impassible jusqu'au bout, en rendant le papier que le baron
saisit et fait semblant de parcourir.)

C'est faux!... le mépris seul doit en faire justice.

LE BARON, en rendant le papier au curé.

La police parfois est prompte à soupçonner,
Et de soupçons encore elle est à raisonner :
De malheureux hasards, autour de ce jeune homme,
Ont pu faire surgir quelque douteux symptôme.
Le corps des inspecteurs est assez mal noté ;
Un fâcheux accident se sera répété,
Lui présent... A l'hôtel, les vols d'argenterie
Sont si communs, hélas! par la filouterie
Qui court... Mais, à propos, un accident pareil
Vous a coûté, je crois, des couverts de vermeil
Depuis. . pas fort longtemps ?...

LE MARQUIS, pensif.

Quelque homme de service,

Quelque pauvre, en passant, est entré dans l'office;
Et voilà tout, baron...

LE BARON.

Eh ! je vous le disais...
Le hasard est toujours l'auteur de tels méfaits!...
On ne saurait douter trop de tant de bassesse,
Si l'on n'a sur le fait pris la main pécheresse;
C'est plus prudent... A moins pourtant que sous la clé
De son voleur, on n'ait trouvé l'objet volé...
Pour Gaston c'est fâcheux, dans cette circonstance,
Qu'on ne connaisse pas ses moyens d'existence;
Il ne suffit que trop d'une telle raison
Pour chez dame police éveiller le soupçon...

LE MARQUIS.

Gaston eut un certain pécule de son père;
Entre ses mains il a tout le bien de sa mère,
Et dans ses fonctions d'inspecteur, tous les ans,
Il mettait de côté plus de trois mille francs.

LE BARON.

On ignore, au parquet, ces détails de famille,
Et généralement l'inspection fourmille
Moins de gens ménagers que de dissipateurs.

LE MARQUIS.

A leur source arrêtons ces bruits diffamateurs;
Allez voir, de ma part, le préfet de police;
De ces honteux soupçons dites-lui l'injustice;
Qu'enfin, comme de moi, je réponds de Gaston.
Au maire, vous, curé, parlez du même ton;
Surtout, ici, gardez qu'un seul mot ne transpire.
Obligez-moi d'aller au plus tôt le lui dire;
Faites-mieux, amenez-le avec vous pour dîner.
A bientôt donc, mon cher...

LE BARON, à part.

Il semble deviner...
Envers et contre tout il se refuse à croire...

LE MARQUIS, en allant s'asseoir avec un profond accablement.
Ce conte bleu, baron, m'a rendu l'âme noire.
(La comtesse entre tenant à la main des lettres et des journaux.)

SCÈNE V.

LE MARQUIS, LE BARON, LA COMTESSE.

LA COMTESSE, en feignant la surprise.
Eh! bonjour, cher baron!...
(Au marquis en lui donnant les journaux.)
Ah! voici vos journaux,
Mon oncle.
LE MARQUIS, à part en les prenant.
Autres serpents encor dont les anneaux
Distillent le venin!... Éloignons ces pensées...
(Il déploie un journal et se met à lire — La comtesse et le baron
s'avancent sur le devant de la scène.)
LA COMTESSE, à mi-voix au baron.
Eh bien ?...
LE BARON.
J'ai fait jouer les pièces avancées.
De ne rien croire on feint; mais le cœur est navré:
Monsieur Gaston était solidement ancré!...
Mais j'espère bientôt voir chasser... le navire...
LA COMTESSE, d'un certain air.
Que vous êtes, baron, habile en l'art de dire!...
Ah! si j'avais, au moins, un mari comme vous,
Avec orgueil on parle alors de son époux!...
C'était là mon plus beau rêve de jeune fille:
Un nom dont la valeur, en relief, partout brille;
D'un haut et grand esprit j'aime l'autorité,
Autant que j'aime peu la médiocrité...
J'eusse été volontiers la femme d'Érostrate,
De Girardin, Proudhon...
LE BARON.
Un pareil démocrate!...
Ah! comtesse, l'amour du bruit vous mène loin...

LA COMTESSE.

De grandeur et d'éclat voyez si j'ai besoin !

LE BARON, à part.

Une femme ainsi faite est fort compromettante.

(Haut à la comtesse.)

Mais parlons de Gaston... La lettre de sa tante,
L'avez-vous?...

LA COMTESSE.

La voici...

LE BARON.

Nous y comptons beaucoup ;

C'est moi qui l'inspirai ; frappez donc ce grand coup.

(Le baron prend un journal et se met à l'écart. La comtesse s'avance
vers le marquis en lisant la lettre en question.)

LA COMTESSE, au marquis.

On me charge pour vous d'une étrange requête :
La tante de Gaston, cette vieille coquette,
Type provincial comme j'en ai vu peu,
Forte de l'intérêt qu'on porte à son neveu,
De lui prêter demain par ma bouche vous somme,
Au plus bas taux possible une assez forte somme,
Dont elle aurait besoin pour acheter un bien,
Proche de sa maison, et qui lui va fort bien.

LE MARQUIS.

J'aurais cru cette dame un peu moins insensée.

LA COMTESSE.

Ce n'est pas tout encor ; complétons sa pensée :
Comme elle est vieille fille, elle dit et prétend
Que Gaston après elle...

LE MARQUIS.

Il suffit, et j'entend...

Quelqu'un de cette femme a troublé la cervelle.

LA COMTESSE, en regardant le baron.

Ce conseil, en effet, vient d'un ami, dit-elle...
Monsieur Gaston, peut-être...

LE MARQUIS.

Hélas! à ses parents

Elle coûta jadis plus de cent mille francs ;

Et Gaston sait trop bien ce qu'il doit en attendre.
C'est une pauvre femme, aux rêves un peu tendre...
(A part.)
On en fait, près de moi, de pareils tous les jours...
(Haut à la comtesse.)
Laissons cela, comtesse, et changeons de discours.

LE BARON, qui s'est rapproché.

J'avais aussi pourtant ma petite requête
Pour monsieur le marquis; elle est moins malhonnête.
La baronne d'abord a voulu s'en charger;
Je ne suis près de vous rien que son messager.

LE MARQUIS.

Sûr est donc le succès, si la chose est possible.

LE BARON.

Vous allez en juger. La baronne est sensible,
En chrétienne qu'elle est, aux maux de son prochain.
Un monsieur, de la part d'un sien cousin germain,
Je vous dirai son nom à la fin de l'histoire,
Nous conta son malheur d'un air fort méritoire...

LE MARQUIS.

Son malheur, j'en suis sûr, était peu mérité;
Il pécha par trop d'ordre et trop d'intégrité,
N'est-ce pas?

LE BARON.

Justement. Il était, en province,
Marchand de nouveautés, et non pas le plus mince;
Mais, comme vous disiez, et sans autre raison,
Un jour vint qu'un protêt fit fermer la maison.
L'on accourt à Paris, l'immense réceptacle
Où chacun croit bientôt s'enrichir sans obstacle:
L'ancien négociant se trouve un peu bien vieux
Pour faire le commis; la femme, de son mieux,
Travaille, et fait les plus charmantes broderies;
Je n'ai jamais rien vu de tel, sans menteries.

LA COMTESSE.

Vous me direz, baron, son adresse?

LE BARON.
                              Plus tard.
La baronne commande un objet, sans retard,
Et l'introduit aussi dans tout notre entourage.
La pauvre femme alors, que l'accueil encourage,
Demande si quelqu'un n'aurait pas, parmi nous,
Besoin, pour régisseur, de monsieur son époux.

LE MARQUIS.
Cette conclusion est des plus ordinaires ;
Et pour peu qu'un butor ait mal fait ses affaires,
Il est clair qu'il fera les nôtres pour le mieux.
Convenez, cher baron, que c'est vrai, quoique vieux...

LE BARON.
Sagesse, vérité, comme esprit n'ont point d'âge...

LE MARQUIS.
Vous ne pouvez vieillir, en ce cas, davantage...
De vous plaire malgré tout le désir que j'ai,
Je ne puis rien, mon cher, pour votre protégé ;
Veuillez m'en excuser auprès de la baronne :
Tout chez moi, par moi seul, s'administre et s'ordonne ;
Je n'eus jamais besoin du moindre régisseur ;
Moi-même j'ai toujours réglé le fournisseur ;
Chacun de mes fermiers verse chez mon notaire ;
Qui veut mes bois s'en rend bon adjudicataire ;
Tout s'administre ainsi sans le moindre embarras.
Je dois être volé, je n'en disconviens pas,
Mais de première main, fort peu par tout le monde ;
Je le serais, je crois, beaucoup plus de seconde,
S'il fallait employer un deuxième voleur...

LE BARON.
Pour la France et le roi ce fut un vrai malheur
Qu'une telle sagesse, un si beau caractère,
Jadis ait refusé de faire un ministère,
Alors qu'on en chargea ce fou de Polignac!...
Vous eussiez achevé l'œuvre de Martignac,
Et tout serait debout encor...

LE MARQUIS.

Mais où serais-je,
Moi, maintenant?... Ce banc, que tant de monde assiége,
Si l'on savait combien il raccourcit les jours,
Serait bien moins l'objet de vos ardents amours...
On ne devrait y voir que des âmes d'élite,
Que le bien du pays dévore, et sollicite
A lui donner leur vie, en nouveaux Curtius!...
Un ministre, aujourd'hui, ne voit que les écus,
Et de son traitement heureux s'il se contente,
S'il ne travaille pas à la Bourse, à la rente!...
N'est-il pas vrai, mon cher?...

LE BARON, qui paraît contrarié.

D'une haute raison
Chacun de vos mots est la plus belle leçon...
Mais pour en revenir à notre objet, comtesse,
Si vous voulez savoir et le nom et l'adresse
De l'ouvrière habile à broder de ses doigts,
Vous les demanderez à Gaston; c'est, je crois,
Sa cousine germaine...

LA COMTESSE.

Ouais! sans plaisanterie?...
Oh! je veux lui donner toute ma broderie...
  (A part au baron.)
Vrai, vous avez été sublime, cher baron!
Il en est atterré, voyez...
                                  (Elle montre le marquis.)

UN DOMESTIQUE, annonçant.

Monsieur Gaston.
(Gaston entre; le baron et la comtesse se regardent.)

SCÈNE VI,

LE MARQUIS, LE BARON, LA COMTESSE, GASTON.

GASTON, à part en entrant.

Le baron!...

LE BARON, allant seul au-devant de Gaston d'un air cordial
et mielleux.

Vous venez comme un heureux présage;
Doux m'eût été de faire avec vous le voyage...

GASTON, sèchement.

Merci.

(Il salue la comtesse qui lui tourne le dos; il s'avance ensuite
vers le marquis qui, sans se déranger, incline froidement la
tête; à part.)

Je suis venu dans un mauvais moment.

(Haut au marquis en s'inclinant.)

Monsieur le marquis sait le pieux sentiment
Qui me ramène ici quand vient le deux décembre...

LA COMTESSE, au baron, mais de manière à être entendue.

Vraiment, de la famille on se croit presque un membre!...

(En se retournant vers Gaston.)

Obligez-moi de dire à votre cher cousin
Que sa femme me cherche un rare et beau dessin;
Je veux qu'elle me brode un magnifique ouvrage.

GASTON.

Vous croyez m'avoir fait un bien cruel outrage;
Vous vous trompez, madame... Avec fracas, je sais

(En regardant le baron.)

Qu'on a chez mon cousin député son laquais,
Pour qu'à madame il vînt faire offre de service...
Je l'avais, le matin, recommandé d'office,
Car je tiens que l'on doit, l'un l'autre, s'entr'aider;
Que pour gagner son pain sans honte on peut broder.

LE MARQUIS.

Il est vrai, Gaston; mais...

GASTON.

Le monde!... je devine.

(A la comtesse)
Me surprîtes-vous pas préparant ma cuisine?...
Chose étrange en ce siècle avancé, lumineux,
Que l'on tienne pour vil ce qui n'est ruineux!...
Cincinnatus devrait rougir de sa charrue,
Et battrait tout le jour le pavé de la rue...
On le verrait flâner en escarpins vernis,
Sur l'asphalte étaler des loisirs infinis,
Vomir sur les passants des torrents de fumée...

LA COMTESSE, au baron qui continue à lire son journal.
Baron, quelle heure est-il? Moi, je suis affamée!...

GASTON, au marquis.
De ce voyage-ci je dois faire deux coups :
Mon déménagement...

LE MARQUIS.
Vous dînez avec nous,
J'espère?...

(Le baron montre à la comtesse un passage de son journal.)

GASTON, en les voyant sourire.
Je ne puis...

LE MARQUIS.
Gaston, je vous en prie.

LE BARON.
Dans un hôtel encore un vol d'argenterie!...
Je connais cet hôtel... j'y suis allé souvent;
Des frères Jean-de-Dieu c'est tout près du couvent.
(Avec une intention marquée.)
Mais vous devez, Gaston, en savoir quelque chose?
Vous y logiez aussi...

GASTON, hésitant un peu.
Je ne sais... on suppose
Que c'est un domestique...

LE BARON.
Il ne faut pas rougir...

GASTON, avec emportement.
Prenez garde, baron, vous me ferez rugir!...

Prenez garde, à la fin, que ma griffe n'arrache
Le masque sous lequel le visage se cache!...

LE MARQUIS.

Vous oubliez!...

GASTON, au marquis.

Pardon!...

LE BARON, à part.

Oh! je le chasserai!...

LE MARQUIS, allant au baron.

Baron...

(Il lui parle bas; on voit qu'il lui fait des excuses.)

UN DOMESTIQUE, annonçant.

Monsieur le maire et monsieur le curé.

SCÈNE VII.

LE MARQUIS, LE BARON, GASTON, LA COMTESSE,
LE MAIRE, LE CURÉ, ensuite MARIE et BERTHE.

LE MARQUIS, allant au-devant du maire.

C'est bien aimable à vous d'être aujourd'hui des nôtres...

(En le tirant à l'écart.)

Vous n'en avez parlé qu'au curé, pas à d'autres?...

LE MAIRE.

Oui, monsieur le marquis, je vous jure ..

LE MARQUIS.

C'est bien.

Supposez désormais que vous ne sûtes rien...

(Entrent Berthe et Marie.)

MARIE, en entrant.

Oh! du monde à dîner!... et j'ai mis cette robe!...

(Berthe et Marie s'approchent du marquis qui leur baise le front;
elles font ensuite une révérence aux étrangers ; Marie cause
avec le curé, et Berthe avec Gaston.)

LE BARON, à la comtesse en montrant Marie.

Elle est belle à ravir tous les vieillards du globe!...
C'est tout votre portrait... D'où vient que le marquis
N'a pas, à son endroit, ce sentiment exquis?...

8

LA COMTESSE.

Vous l'avez dit, mon cher; c'est qu'elle me ressemble...

LE BARON.

Voyez, Berthe et Gaston tout bas causent ensemble.

LA COMTESSE.

Tu fatigues monsieur; Berthe, viens près de moi.

GASTON, à part.

O baron, ô baron! un duel avec toi!...

Sans se battre, un dévot sait nous ôter la vie,

Et, sans danger pour lui... Dieu!...

UN DOMESTIQUE, en ouvrant toutes larges les portes du fond
qui laissent voir en entier le couvert dressé.

Madame est servie.

(Le baron offre le bras à la comtesse; le maire donne grotesquement
le sien à Marie qui sourit avec malice; le marquis prend celui
de Berthe; le curé les suit, avec Gaston qui vient le dernier.
Les convives se placent dans l'ordre suivant: le marquis au
milieu, à sa droite Gaston, Berthe, le baron, la comtesse qui
fait face au marquis, le maire, Marie et le curé qui tient la gauche du marquis. — Les domestiques distribuent les assiettes
de potage. — Gaston laisse tomber sa cuillère.)

LE BARON, avec un sourire satanique.

On vous croyait, mon cher, plus adroit que ceci...

(Gaston est comme foudroyé; les convives se regardent.)

LE MARQUIS, au curé.

Laissez, mon cher curé, Berthe se mettre ici...

(Berthe et le curé se lèvent, Gaston aussi; il est pâle
comme un mort.)

BERTHE, la main sur le bras de Gaston.

Pour mon oncle pitié!... ne maudissez personne...

GASTON, en étendant la main sur le baron.

Sauf à ce misérable, à tous je.vous pardonne!...

(Il sort lentement et avec solennité en ne quittant pas le baron de
son regard écrasant. — Sensation et silence. — La toile baisse.

FIN DU QUATRIÈME ACTE.

ACTE CINQUIÈME

UN COMPLICE

La scène à l'hôtel du marquis de Clarence, à Paris. Mêmes décors qu'au premier acte.

SCÈNE PREMIÈRE.

LE MARQUIS DE CLARENCE, BERTHE.

(Le marquis est beaucoup vieilli ; il est assis dans sa causeuse. Berthe est à ses pieds sur un carreau,)

BERTHE.

Mon oncle, vous m'aimez !... vous voyez ma douleur
Et voulez à jamais me vouer au malheur !

LE MARQUIS.

Ta mère absolument tient à ce mariage,
Et ta répulsion est pur enfantillage ;
A ton âge, un caprice est si prompt à guérir...
Raoul est jeune et beau.

BERTHE.

              J'aimerais mieux mourir...

LE MARQUIS.

Pourquoi, contre le fils du baron Saint-Ignace,
Ton cœur nourrirait-il une haine vivace ?

BERTHE.

Il est vrai, je le hais, mais je ne sais pourquoi ;
Pour ne pas l'épouser, cela suffit, je crois ?

LE MARQUIS.

Naguère la raison seule avait de l'empire
Sur toi ?

BERTHE, avec impatience.

J'étais meilleure ; aujourd'hui je suis pire.

(Le marquis fait un geste de surprise. Berthe se jette à son cou.)

O mon oncle, pardon ! c'est un pressentiment
Qui...

LE MARQUIS, avec bonté.

N'est-ce pas plutôt un autre sentiment
Plus doux ?... Je le vis naître, hélas ! avec ivresse.
Monsieur Gaston n'est plus digne de ta tendresse ;
Pour l'élever trop haut, je l'avais pris trop bas,
Il faillit en chemin.

BERTHE.

Oh ! ne le croyez pas !
Ce doute, en votre bouche, est un affreux blasphème ;
Gaston est innocent, aussi vrai que je l'aime !

LE MARQUIS.

Il est le petit-fils d'un de mes tenanciers ;
Son père était sous moi lieutenant de lanciers ;
A Waterloo tombé sur la sanglante arène,
Pour me sauver la vie il a donné la sienne.
Il est mort, me léguant ses deux petits enfants.
Je les ai vus grandir... Pendant plus de vingt ans,
Mon amitié resta vague comme un mystère,
Car je voulais connaître à fond leur caractère ;
Être certain que rien de bas ne s'y cachait,
Que tout d'une belle âme y portait le cachet.
Ainsi je vois mûrir la précoce pensée,
La raison de Gaston, toujours droite et sensée ;
Je me laisse séduire à cet esprit profond,
Au mérite éminent qui m'étonne et confond...
C'est alors, qu'oubliant sa naissance commune,
Je rêvai de lui faire une étrange fortune.
En lui donnant mon nom, et ta main, j'eus voulu
Enter un rameau vert sur un tronc vermoulu ;
Et j'allais le tenter... quand, après vingt années
D'épreuves et d'attente, et quand ses destinées

S'échappaient de ma main toute prête à s'ouvrir,
Alors !... Oh ! plus que moi, Berthe, crois-tu souffrir ?..

(Berthe se jette en pleurant dans les bras du marquis. La
comtesse entre.)

SCÈNE II.

LE MARQUIS, LA COMTESSE, BERTHE.

LA COMTESSE, en entrant.

Berthe se rend enfin ?

LE MARQUIS.

Berthe me désespère ;
Elle refuse encore...

BERTHE.

O mon oncle ! ô mon père !

LE MARQUIS.

Il faudra lui trouver, chère, un autre parti.

LA COMTESSE.

Mon oncle, y pensez-vous ? le monde est averti.
Voulez-vous que sur nous toute la ville glose ?

LE MARQUIS.

Mais que ne faites-vous, chère amie, une chose ?
Puisque vous tenez fort à ce fils du baron,
Qu'il épouse Marie.

LA COMTESSE.

Et la dot ?

LE MARQUIS.

Environ
Ce que j'avais promis.

BERTHE.

Le ciel vous illumine !

LE MARQUIS.

Voyez donc le baron, ma chère, et qu'on termine.
Au fait, si Berthe un peu l'emporte par le cœur,
Votre belle Marie a le regard vainqueur ;
Raoul est beau garçon comme elle est belle fille ;
Un tel couple doit faire une belle famille.

8.

LA COMTESSE.

Si le baron recule en ces arrangements?

LE MARQUIS, impatienté.

Alors vous lui ferez mes civils compliments.
Mais de votre Kaffner a-t-on quelques nouvelles ?

LA COMTESSE.

Aucune.

LE MARQUIS.

Il n'était point un coureur de ruelles?
Un garçon si pieux !

LA COMTESSE.

On ne sait que penser;
La police partout ne cesse de lancer
Ses limiers les plus fins sur sa dernière trace :
Ils sont tous en défaut. Notre cher Saint-Ignace,
Pour un sujet parfait qui nous l'avait donné,
Paraît, au dernier point, inquiet, étonné,
Et ne peut s'expliquer une aussi longue absence.

(Un domestique entre et parle bas au marquis.)

LE MARQUIS, au domestique.

Attendez un instant et gardez le silence.

(A la comtesse.)

Pour affaires quelqu'un vient me parler ici;
Emmenez avec vous cette enfant que voici.

(Il embrasse au front Berthe qui s'éloigne avec sa mère.)
(Au domestique.)

Qu'ils viennent.

(Le domestique sort. Le marquis se promène, en proie à une vive
émotion. Gaston paraît, accompagné de deux agents de police, en
costume bourgeois, qui restent en faction au fond du théâtre, près
de la porte.)

SCÈNE III.

LE MARQUIS, GASTON. DEUX AGENTS DE POLICE
en bourgeois.

LE MARQUIS, calme et froid.

Vous, Gaston?

GASTON.

> De ce qu'on me reproche
Ne sachant rien encor, l'instant qui me rapproche
De celui qui longtemps fut un père pour moi,
D'avance me rassure, et bannit tout effroi.

LE MARQUIS, à part, avec attendrissement.

Tant de simplicité, de calme et de noblesse
M'étonne... Aussi, bien loin que son aspect me blesse,
J'éprouve à le revoir un étrange bonheur.

GASTON.

Un homme, qui doit mettre au plus mal notre honneur,
En grande compagnie ici se devait rendre,
> (En montrant de la main les agents de police.)

Me disaient ces messieurs, qui sont venus me prendre.

PREMIER AGENT DE POLICE.

En route, un accident a pu les retarder.

LE MARQUIS, à part.

Je n'ose et je voudrais toujours le regarder.
> (Haut, à Gaston, avec une ineffable douceur.)

Ne faites-vous, monsieur, quelque chose d'utile?
Quel sujet maintenant exerce votre style?

GASTON.

Depuis ce choléra, mon front est languissant,
La fièvre, de son feu, me calcine le sang;
Et le calme, qu'il faut à l'esprit qui compose,
Manque à l'isolement que chaque jour m'impose
Et plus vide et plus large... un pouvoir inconnu,
M'enlaçant, pieds et poings, sous un fil continu,
M'étouffe, en m'enroulant ainsi qu'une bobine,
Si Dieu ne rompt bientôt ce fil qui m'assassine.
> (On entend dans l'escalier un bruit de sabres, de bottes et
> de pas qui approchent.)

LE MARQUIS.

Gaston, quel est ce bruit que j'entends?

GASTON.

> Je ne sais.

PREMIER AGENT DE POLICE.

C'est la société que je vous annonçais.

(Kaffner parait escorté de deux gendarmes, du commissaire de police et de son greffier. Une énorme paire de favoris et de moustaches le rendent méconnaissable. Il porte la décoration et une chevelure d'emprunt qui grisonne. Costume et tournure d'un officier en retraite. Sa figure, en outre, est altérée par des souffrances récentes.)

SCÈNE IV.

LE MARQUIS, GASTON, KAFFNER, LE COMMISSAIRE DE POLICE, UN GREFFIER, DEUX GENDARMES, DEUX AGENTS DE POLICE.

LE MARQUIS, au commissaire.

Que veut dire cela?

LE COMMISSAIRE.

Le devoir nous oblige
A venir faire ici l'éclat qui vous afflige.

LE MARQUIS.

Mais de quoi s'agit-il?

LE COMMISSAIRE, en montrant Kaffner.

Cet homme que voici
Se dit connu de vous... et de monsieur aussi.

(Il désigne Gaston.)

LE MARQUIS.

Je ne l'ai jamais vu.

GASTON.

Je vis cette figure,
En dînant, quelquefois... et c'était un augure
Assez désobligeant... car, dès le lendemain,
Les gens du restaurant me montraient de la main.
C'est à qui me faisait plus outrageuse mine.

KAFFNER.

Pour vous faire sauter j'avais chargé la mine;
Bientôt vous en saurez la secrète raison.

(Au marquis.)

Mais vous me connaissez, je suis de la maison;

Voyez plutôt.

(Il jette sa barbe postiche, sa perruque, et reprend soudain
son allure dévote.)

LE MARQUIS.

Kaffner! ma surprise est extrême!

KAFFNER.

Par ordre, je grinchais lorsqu'on m'a pris à même.
Mais quelqu'un manque ici, dont j'aurais grand besoin,
Pour appuyer mon dire et servir de témoin.

(En désignant un des agents de police.)

Que l'un de ces messieurs, taisant ce qui se passe,
Aille, à l'instant, trouver monsieur de Saint-Ignace ;
L'invite, de la part de monsieur le marquis,
A venir lui parler. En gentilhomme exquis,
Il sait ce que l'on doit au rang, comme au grand âge...
Pourtant, s'il hésitait, parlez de mariage...

(Le commissaire de police dit quelques mots à voix basse à
l'un des agents.)

PREMIER AGENT DE POLICE.

Il suffit.

(Il sort. Le greffier se place devant une table, et se dispose à écrire.)

SCÈNE V.

LE MARQUIS, GASTON, KAFFNER, LE COMMIS-
SAIRE DE POLICE, LE GREFFIER, GENDARMES
DANS LE FOND, UN AGENT DE POLICE.

KAFFNER, au commissaire.

Si, depuis mon arrestation,
Je vous ai refusé toute explication,
Je me croyais, monsieur, sûr de ma délivrance,
En mes puissants patrons tant j'avais d'espérance ;
Je n'en couvais pas moins certains pressentiments
Qui faisaient que suspects m'étaient mes aliments.
Aussi, lorsqu'hier soir me vint cette colique,
Promptement j'eus recours à certain émétique

Dont je vois qu'il est bon souvent de se pourvoir.
Du reste, mieux que moi, vous devez le savoir,
Puisqu'en mon estomac, c'est chose d'évidence,
Que la morphine était en passable abondance...
Beaucoup moins désireux de sortir de prison,
Si je n'en dois sortir que, grâces au poison,
Je préfère, ma foi, supplice pour supplice,
Alléger mon malheur en perdant mon complice.

LE COMMISSAIRE, en désignant Gaston.

C'est monsieur?

KAFFNER, avec force.

Comme l'est la victime, du fer
Qui déchire son cœur et tenaille sa chair!
Respect donc au martyr du hideux cagotisme,
Et de la calomnie et du jésuitisme!
Messieurs, inclinez-vous devant le juste et saint,
Qui du républicain porte au front le vrai seing!

LE COMMISSAIRE.

Ce complice alors?

KAFFNER.

Est un autre personnage;
Il est de vieille race, et d'un fameux lignage,
C'est un fils d'Escobar!...

(En s'adressant au marquis.)

Dans l'intérêt du ciel,
Et pour vous racheter du brasier éternel,
Ses amis, gens dévots, surtout des plus honnêtes,
Et qui passent leur vie à faire des retraites,
Résolurent, un jour, de vos immenses biens,
De se rendre, avec lui, les très pieux gardiens.
Mais craignant pour le sort de ces saintes menées,
Si par monsieur Gaston elles sont devinées,
Mon complice arrêta que nous l'éloignerions,
Et que par tout moyen nous l'assassinerions...
Mais fort dévotement, sans bruit, avec mystère;
Que nous soulèverions contre lui ciel et terre,

Que pour précipiter le maudit au tombeau,
On lui refuserait le feu, la terre et l'eau...
Ce fut pour les aider, en ce pieux office,
Qu'auprès de votre nièce on me mit en service;
Par moi l'on sait alors tout ce qu'en votre hôtel
On fait au détriment du ciel et de l'autel;
Les gens que vous aimez, et qui peuvent nous nuire;
Les moyens les plus sûrs propres à vous séduire,
A vous subtiliser un bout de testament...
Vous résistez encore et faites prudemment,

(Avec ironie.)

Si vous n'avez souci de la décrépitude,
Et de ne hâter trop cette béatitude
Qu'on assure à celui qui, dépouillant les siens,
En de pieuses mains fait passer ses grands biens.

LE MARQUIS, consterné.

Se peut-il?

KAFFNER, à Gaston.

Vous, monsieur, dans cette ardente lutte,
Dire les coups auxquels fut votre vie en butte;
Pour vous perdre, combien de complots ténébreux;
Ce qu'on vous suscita d'adversaires nombreux,
Tant au pays natal, où l'envieux fourmille,
Que parmi vos amis, même en votre famille;
Ce serait le sujet d'un nouveau Juif-Errant,
Et qui ferait pâlir et Rodin et Ferrand.

(A part.)

Et je m'en trouverais assez mal pour mon compte..

(Haut.)

Je me bornerai donc à vous dire, à ma honte,
Quel est le vrai motif de mon dernier méfait,
Quand, faisant le couvert, on m'a pris sur le fait...
Apprenez que c'était de mes vols le vingtième,
Qui sur vous eût pesé grâce à mon stratagème...

GASTON.

Infâme!

KAFFNER.

J'en conviens, monsieur, avec douleur ;
On vous a fait passer pour un abject voleur...
Mais des vols mal portés... de la petite espèce...
Vous, prodige d'honneur et de délicatesse !
Et partout on nous crut avec empressement ;
Nous donnions, pour y mordre, un si noble aliment
A l'honnête prochain, pour qui c'était trouvaille
De mettre la vertu, cette fois, à sa taille.

LE MARQUIS.

Et j'ai douté moi-même !...

(En s'inclinant devant Gaston.)

Oh ! c'est à vos genoux
Que je veux demander pardon !

GASTON, le retenant.

Que faites-vous ?
Vous, monsieur le marquis !.. Plus l'âme est grande et noble
Moins elle peut plonger dans une intrigue ignoble.

(Le marquis serre Gaston dans ses bras et lève les yeux au ciel.)

KAFFNER, au marquis.

C'est moi qui dérobai vos couverts de vermeil.

LE MARQUIS.

Quel démon vous donna cet infernal conseil ?

KAFFNER.

Lui, toujours lui !... j'étais le bras, et lui la tête.
C'est un si grand esprit... et moi... j'étais si bête !

LE COMMISSAIRE.

Son nom ?

KAFFNER, à part, en regardant à la porte.

Il ne vient pas !

LE COMMISSAIRE, avec insistance.

Son nom ?

(Kaffner se tait)

Ce n'est pas clair ;
Cet air mystérieux, et ces preuves en l'air,
Nous connaissons ce jeu...

KAFFNER, au commissaire.

Perle des commissaires,
Envoyez dans ma chambre un de vos émissaires ;
Qu'il soulève un carreau sous le pied droit du lit ;
Il vous rapportera les preuves du délit.
Ce sont objets volés, pièces d'argenterie,
Produits de nos loisirs et de notre industrie.

(A Gaston.)

Sous votre clef, monsieur, nous espérions bientôt,
Grâce à votre portier, cacher notre magot...
Et c'eût été pour vous, ma foi, le coup de grâce.

LE MARQUIS.

O Gaston, mon ami !

(Le commissaire donne à voix basse ses instructions au deuxième
agent de police. Celui-ci va pour sortir, la porte s'ouvre ; un domestique paraît.)

LE DOMESTIQUE, annonçant,

Monsieur de Saint-Ignace !

(Le baron entre. Le deuxième agent de police sort avec le
domestique en lui parlant.)

SCÈNE VI,

LE BARON DE SAINT-IGNACE, LE MARQUIS,
GASTON, KAFFNER, LE COMMISSAIRE DE PO-
LICE, LE GREFFIER, DEUX GENDARMES, LE
PREMIER AGENT DE POLICE revenu avec le baron.

KAFFNER, à part.

Je le tiens !

LE BARON, à part, en voyant Kaffner et les gendarmes.

Je suis pris !

KAFFNER, au commissaire, en montrant le baron.

Mon complice, c'est lui !

(Stupéfaction générale.)

LE BARON.

Je ne vous connais pas.

9

KAFFNER

Ah! voilà donc l'appui
Qu'on destine aux amis que l'on met dans la peine?
Du poison!...Grand merci...j'aime autant votre haine!...

LE BARON, éperdu.

Ne croyez pas cet homme!

KAFFNER.

Allons donc, cher bourreau,
C'est trop tard, j'ai tout dit... Mets ta ruse au fourreau,
Nous irons à Toulon...

(Bas, en s'approchant du baron.)

A moins que la barrière
Ait pour toi plus d'attraits.

LE BARON, les cheveux hérissés.

Vil misérable, arrière!

LE COMMISSAIRE, au baron.

Vous êtes innocent, je n'en veux point douter.

(Le deuxième agent de police rentre portant une corbeille pleine
de pièces de conviction : pièces d'argenterie, montres, bijoux.)

KAFFNER, en le montrant.

Les preuves... les voici.

LE COMMISSAIRE, au baron.

Je dois vous arrêter.

LE BARON, après avoir porté à sa bouche un anneau qu'il brise
entre ses dents.

Messieurs, dans l'intérêt de l'aristocratie,
Je suis mort foudroyé d'un coup d'apoplexie!

(Il s'affaisse sur un fauteuil. D'une voix entrecoupée :)

Je retourne au néant... car Dieu... ce n'est... qu'un mot
Grâce auquel...l'homme...habile...en exploite. .un...plus sot.

(Il porte la main à son front et meurt. Gaston ouvre la porte.
Un domestique paraît.)

GASTON.

Un médecin! courez!...

(Le domestique s'éloigne.)

LE MARQUIS.

En ce moment suprême,
Mon Dieu, pardonnez-lui cet horrible blasphême!

KAFFNER, à part.

On nous ménagera...

(Haut, au commissaire.)

N'avais-je pas raison ?

LE COMMISSAIRE.

Un dévot !... un baron !...

KAFFNER,

Allons seul en prison,

Puisqu'il s'est fait justice.

(Le commissaire va parler aux deux gendarmes qui emmènent avec eux Kaffner ; le greffier les accompagne. Au même instant, entrent la comtesse et ses filles.)

SCÈNE VII.

LE MARQUIS, GASTON, LA COMTESSE, BERTHE, MARIE, LE COMMISSAIRE, LE BARON mort, LES AGENTS DE POLICE; ils soutiennent le baron.

LA COMTESSE, en voyant le baron.

Ah ! ce cher Saint-Ignace !

LE MARQUIS.

Des succès des méchants tôt ou tard Dieu se lasse;

(En désignant le baron.)

Et vous en voyez un par le ciel foudroyé...
Les engins qu'il dressa lui-même l'ont broyé;
Kaffner nous a tout dit... il était son complice,
Nous ses dupes.

(Le docteur entre.)

SCÈNE VIII.

LE MARQUIS, GASTON, LA COMTESSE, BERTHE, MARIE, LE COMMISSAIRE, LE DOCTEUR, LE BARON mort, LES AGENTS DE POLICE.

LE DOCTEUR, entrant sans voir le baron.

Quelqu'un réclame mon office?

LE MARQUIS, lui montrant le baron.

Le baron.

LE DOCTEUR, après lui avoir tâté le pouls, en lui mettant la main
sur le cœur.

Il est mort.

(A part, en voyant l'anneau brisé.)
Je connais ce poison.

LE MARQUIS.

Conduisez le défunt, messieurs, dans sa maison.

LE DOCTEUR

Sa voiture est en bas.

(Les agents de police et les domestiques emportent le fauteuil sur
lequel est le baron; le docteur et le commissaire de police les
suivent.)

SCÈNE IX.

LE MARQUIS, GASTON, LA COMTESSE, BERTHE ET MARIE.

LA COMTESSE.

Je plains sa pauvre femme !

LE MARQUIS, à part.

Elle est heureuse encore... il n'est point mort infâme.

(Haut, à Gaston.)

A ne plus nous quitter êtes-vous résolu
Maintenant, cher Gaston ? Sur un tronc vermoulu,
Berthe, dis-lui comment je veux enter la sève
D'un chêne jeune et fort.

(Berthe baisse les yeux, s'approche de Gaston, met en rou-
gissant la main dans la sienne et l'y laisse.)

GASTON, à part.

Sa main ! non, c'est un rêve !

LE MARQUIS.

On vous donne à chacun pour dot un million.

GASTON, en souriant.

Pardon si sur ce point je fais rébellion ;

Oui, monsieur le marquis, une telle fortune,
Si Dieu me l'imposait me serait importune,
Et j'en ferais soudain un si bizarre emploi,
Que, si je le disais, vous vous ririez de moi.

LE MARQUIS.

Et qu'en feriez-vous donc ?

GASTON.

En de pieux asiles,
Pour nos vieux ouvriers infirmes et débiles,
Je voudrais transformer et villas et châteaux ;
Puis je ferais bâtir sur le flanc des coteaux,
Qui dominent la ville aux vapeurs meurtrières,
Ces immenses maisons, ou cités ouvrières,
Dont l'habitant, sorti d'un fétide travail,
Se retrempe à l'air pur, et le soir, sur le mail,
En voyant femme, enfants à la chair rose et saine,
Sent que la République est bonne souveraine.

LE MARQUIS.

C'est penser noblement ; je vous approuve fort ;
Mais moi, je suis bien vieux pour un semblable effort...

GASTON.

Plus douce et radieuse en serait votre gloire ;
Plus immortelle aussi vivrait votre mémoire !...

LE MARQUIS.

A votre femme enfin il faut bien une dot ?

GASTON.

Qu'on lui fasse environ égal au mien son lot.

LE MARQUIS.

Et croyez-vous alors que Berthe soit heureuse ?
L'épreuve, en cas pareil, est fort aventureuse !

GASTON, à Berthe.

Aussi ne veux-je point vous y voir, chère enfant ;
En moi je sens un mal terrible et triomphant...
On n'est pas quitte encor du poison... cholérique !...

LE MARQUIS.

Votre mal, cher Gaston, est un mal chimérique;
Épousez cette enfant et vous serez guéri.

BERTHE.

Gaston, ne refusez plus d'être mon mari !

GASTON.

Berthe, envisagez-vous quelle énorme distance
Du luxe où vous vivez à ma pauvre existence ?
Qu'à mes yeux, aucun bien n'est noblement acquis
Si, par le travail âpre, il ne fut point conquis ?...

BERTHE, avec enthousiasme.

C'est pourquoi l'on vous aime... et si l'on vous le marque,
C'est qu'en vous on croit voir un homme de Plutarque !...

GASTON, de même.

Berthe, soyez ma femme, et, pour vous contenter,
Toute gloire est possible à qui la veut tenter !...

ÉPILOGUE.

BERTHE, s'avance sur le devant de la scène, et, s'adressant
au public.

Aux yeux d'un parterre français,
Cette tragique comédie
Doit sembler, messieurs, bien hardie,
Nous le craignons pour son succès.
Pour décider votre indulgence,
Avec l'auteur d'intelligence,
Je vais exposer à vos yeux
Le sens un peu mystérieux
De nos principaux personnages.

Le marquis, ce noble vieillard,
C'est la France des anciens âges,
Dont chaque jour un corbillard
Emporte une dernière gloire,
Et qui, bientôt, dans la mémoire
De notre génération,
Laissera de sa grande race

Le souvenir, pour toute trace
De sa vieille illustration !

Le personnage symbolique
De notre jeune République,
Mise en péril par les méchants
Affamés d'or, les charlatans,
Les protecteurs jésuitiques,
Et les tartufes politiques,
N'est-ce point mon noble Gaston ?

Vous avez vu dans le baron —
Homme d'Etat et de génie,
Et maître en fait de calomnie —
La personnification
Du jésuite impitoyable,
Pervers autant qu'insatiable
Dans son immense ambition...
Plus le piège est invraisemblable
Où doit périr le moucheron,
Plus la toile est insoupçonnable,
Plus elle est l'œuvre du baron !...
Au fond de son trou, rencognee,
Laissons la hideuse araignee !...

A mon tour, messieurs, qui je suis,
Veuillez permettre que j'explique :
Eprise de la République,
Que de mon amour je poursuis,
Je suis cette nouvelle France
Qui doit calmer toute souffrance ;
Le phare cher aux malheureux,
Aux nations dans l'esclavage,
A tous les peuples en servage,
Impatients d'un joug affreux...
Chaste, pure, sans fiel, ni haine,
Je suis enfin de l'avenir
Cette France republicaine

En donnant la main droite au marquis
et la gauche a Gaston.

Que la France du souvenir,

En adoptant la République,
Laisse pour héritière unique !...

Puissiez-vous, messieurs, en ce jour,
L'adopter tous à votre tour.

Le rideau b

FÉVRIER-AVRIL 1850.

VARIANTES.

ACTE PREMIER, SCÈNE PREMIÈRE

A la représentation on pourra couper douze ve
variante :

.C'est vrai, nul comme lui, de ses ard
De ce ciel embrasé ne sut rendre la
Cette mort de Gaston a dû contrister
D'enfance et de collège il était son a
Et Gaston, je le sais, n'aime point à
Mais n'est-ce pas, etc., etc.

FIN.

Imprimerie de GUSTAVE GRATI

www.ingramcontent.com/pod-product-compliance
Lightning Source LLC
Chambersburg PA
CBHW060628100426
42744CB00008B/1544